人手不足を円満解決

現状分析から始める

シニア再雇用・定年延長

株式会社新経営サービス
人事戦略研究所
森中謙介

第一法規

はじめに

過渡期を迎えたシニア雇用〜70歳雇用時代は目前〜

　企業におけるシニア雇用の問題は過渡期を迎えている。65歳から70歳までの高年齢者就業確保措置を講ずることを企業の努力義務とする「高年齢者等の雇用の安定等に関する法律」の改正が、2021年4月から施行される。

　大多数の企業において、65歳への定年延長もままならない状態であるにもかかわらず、政府は一足飛びにシニア雇用を推進しており、企業のシニア雇用に対する負担は増すばかりである。

　また、2025年には特別支給の老齢厚生年金（報酬比例部分）の支給開始年齢の引上げ完了と（女性は2030年）、高年齢者雇用継続給付の段階的減額の開始が予定されており、シニアの収入減額に対する穴埋めが企業に期待されることになるなど、総額人件費の上昇圧力も大きい。

　あるいはまた、同一労働同一賃金への法的な対応も必要になってくるなど、企業は今後5〜6年の間に、シニア雇用に関わる多岐にわたるテーマへの対応を迫られている。

これまでの10年は"横並び"、これからの5年は"大きな差"になる

　これまでの10年は、シニア活用に関して、ごく一部の先進的な企業（大企業だけでなく中小企業も含む）を除き、ほとんどの企業で目立った取組み（人事制度改革等）は行われてこなかった。そのため、シニア活用の進度という面ではどの企業も"横並び"の状態であったと考える。

　しかしながら、企業の高年齢化、人手不足、そしてシニア雇用に関わる度重なる法改正が一気に押し寄せてきている事実に対して、危機感を覚えている企業は少なくない。

そうした中、シニア活用に向けてこれからの5年間でどう取り組むかは"大きな差"となるだろうし、これまで計画的に取り組んできた企業との差は、"取り返せない差"になる可能性もありうる。

　とりわけ先進企業は、すでに長い期間をかけてシニア活用を推進してており、ノウハウの蓄積がある。他社がすぐに追いつけるような代物ではない。今から取組みをはじめる企業は相当な覚悟を持ち、スピード感を持って取り組んでいかなければならない。

1からはじめるシニア活用と人事制度の作り方

　これだけ多くのテーマを抱えることになると、何から取り組めばいいかの算段がつかず、結果的にシニア活用が進まない企業が出てくることも想像に難くない。

　本書のタイトルは「人手不足を円満解決　現状分析から始めるシニア再雇用・定年延長」とした。これからシニア活用に向けた検討を本格的にスタートしていく予定の企業に向けて、「何から取り組むか」、その取っ掛かりを提供できればとの想いを込めている。

　本書ではシニア活用に関する世の中全般の動きを俯瞰しつつ、自社の課題抽出と取組み方針の策定に役立つ「現状分析」の手法を解説し、そこから具体的な人事制度の構築方法、企業事例を紹介している。

　入門書として活用いただけるよう、できるだけ平易でわかりやすい表現を心がけたつもりである。読者企業にとって、本書がシニア活用に向けた一助となれば幸いである。

2020年8月

森中　謙介

目次

●本書の内容は2020年4月現在の情報に基づいています。

●本書における主な法令名等の表記・略称

法令名等	略称
高年齢者等の雇用の安定等に関する法律	高年法
短時間労働者及び有期雇用労働者の雇用管理の改善等に関する法律	短時間・有期雇用労働法
短時間・有期雇用労働者及び派遣労働者に対する不合理な待遇の禁止等に関する指針	同一労働同一賃金ガイドライン

第1章

人手不足対策としてのシニア活用

企業における
シニア活用の必要性

（1） 我が国における高齢化の現状

　厚生労働省「令和元年版高齢社会白書」によれば、我が国の総人口は、2018年10月1日時点で1億2,644万人であり、そのうち65歳以上人口は3,558万人となり、総人口に占める割合（高齢化率）は28.1％となっている。

　高齢化率は今後も上昇を続け、2036年に33.3％となり、2042年以降は65歳以上人口が減少に転じるものの、高齢化率は上昇を続け、2065年には38.4％に達し、国民の約2.6人に1人が65歳以上となる社会が到来すると推計されている。

（2） 企業における高齢化の現状

　労働力人口の減少が見込まれる中、企業としては必然的にシニア層の活躍に期待を寄せることとなる。

　独立行政法人高齢・障害・求職者雇用支援機構が実施した、企業を対象とした近年のアンケートによれば、60歳以降社員の5年後の人数見通しに関して、現在より増加する見込みと回答した企業が64.2％と、全体の約3分の2を占めている（図表1-1）。

　また、60歳以降社員の規模が1.5倍以上になる見通しであると回答した企業が23.5％あり[1]、全体の2割強に達している点も、見過ごすことのできない数値である。こうした企業に関しては、シニア層を十分に活用でき

※1：正確には、1.5倍以上2.0倍未満と回答した企業が14.6％、2.0倍以上と回答した企業が8.9％となっている。

るかどうかが、今後の成長に大きな影響を及ぼすといっても過言ではない
だろう。

《図表1-1　60歳以降社員の5年後の人数見通し》

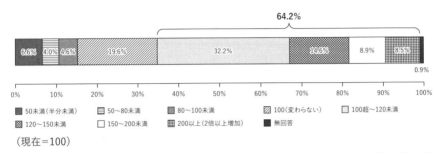

（現在＝100）

資料出所：独立行政法人高齢・障害・求職者雇用支援機構「継続雇用制度の現状と制度進化」（2018年）

（3）企業におけるシニア層の活用実態と課題

① シニア活用の実態

　同じ調査の中で、60歳以降社員をどの程度活用したいかについて聞いた
設問では、高年齢者等の雇用の安定等に関する法律（以下、「高年法」とい
う。）の定める雇用確保義務年齢である65歳を超えて、70歳まで、あるい
は70歳を超えても活用したいという声が全体の42.2％を占めている（図表
1-2）。

　過半数にいかないまでも、それに近い割合の企業が、シニア層の活用に
対して必要性を感じているものといって差し支えないだろう。

《図表1-2　60歳以降社員の活用希望》

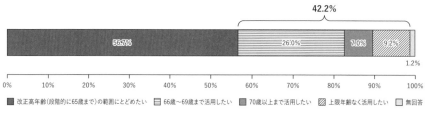

資料出所：独立行政法人高齢・障害・求職者雇用支援機構「継続雇用制度の現状と制度進化」（2018年）

　しかし、実際にシニアの活用ができているかどうかについては、決して十分に満足のいく状態ではないようである（図表1-3）。

　「うまくいっている」「ある程度、うまくいっている」の合計で90％を超えているものの、全体を通じては「ある程度、うまくいっている」の割合の方が多い。

　もっとも、「雇用確保措置企業（高年法の範囲の運用を行っている企業）」「継続雇用66歳以上企業」「65歳以上の定年企業」の区分によって活用評価が異なり、結果としては法律が求める以上の運用を行っている企業の方が、「うまくいっている」の割合が大きくなっている。

《図表1-3　60歳代前半層社員の活用評価》

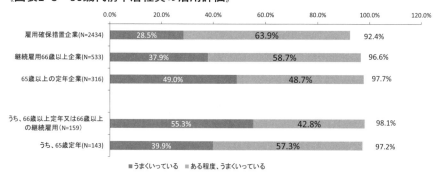

資料出所：独立行政法人高齢・障害・求職者雇用支援機構「継続雇用制度の現状と制度進化」（2018年）

② シニア活用の課題

　次に、企業が抱えているシニア層の活用に向けた課題についてみていくこととする。

　先ほどと同じ調査の中で、60歳代前半層社員の活用課題の一覧をみると（図表1-4）、さまざまなテーマが挙げられているが、主なテーマは以下の3つに整理することができると考える。

人員・年齢構成の変化に対応した、中長期的な組織運営課題への取組み

　今後、各企業においてシニアの割合が大幅に増加していく過程で、組織の新陳代謝が適切に行われなければ、「世代交代の遅延・停滞」が発生したり「シニアの担当する仕事の確保」が課題となるなど、中長期[2]でみたときに非常に大きな課題に発展する可能性がある。

　もちろん、各企業の状況によって影響の度合いは異なるものの、シニア活用においてはシニア個々人の問題への対応だけではなく、組織全体からみたときの将来的な影響を加味することも求められる。

総額人件費の増加への取組み

　シニア層の増加と雇用継続年齢の上昇によって、多くの企業で「総額人件費の増加」が課題となりうる。シニア層に対して働き方の満足度を調査した別のアンケート[3]では、半数以上が「給与」に対する不満を抱えているという実態もある。

　このような状況から、今後シニアのモチベーションや仕事の生産性を向上させるために、シニアの賃金をどのように設定するか（他の社員との「処遇上のバランス」も含めて）、ということが重要な課題となる。

職場環境の整備による生産性向上への取組み

　シニアのモチベーションや能力が低下していくことに関連して、シニア

※2：特に断りのない限り、本書では中長期とは5〜10年単位、短期とは2〜3年単位の取組みを想定した期間として定義する。
※3：アデコ株式会社「働くシニアを対象とした調査」（2019年11月）（就業中の60〜69歳男女対象）で、「仕事」に対する満足度を問う設問において、給与についての回答割合が、「満足=10.0%」「どちらかといえば満足=35.5%」「どちらかといえば不満=39.3%」「不満=15.3%」となっている。

と周囲との「人間関係」が課題になる例が少なくない（例えば、仕事に対する意欲の低いシニアが周囲のモチベーションを下げてしまうなど）。特に管理職においては、今後ますます、シニアに対する適切なマネジメントが求められることになる。

　また労働時間や就業環境に配慮することで、シニアがより働きやすい状態を作ることも求められる。

　以上のような「職場環境の整備」による生産性向上に向けた取組みが各企業において必要となるが、こうした取組みはすぐに成果が出るものではないため、時間をかけて計画的に実施していく姿勢が重要である。

　なお、これらのテーマに対して、読者に自社の状況を詳細に分析する手法を解説し（第2章）、具体的な事例をベースとして解決の方向性を提示していく（第3章以下）ことが本書の目的でもある。

《図表1-4　60歳代前半層社員の活用課題（複数回答）》

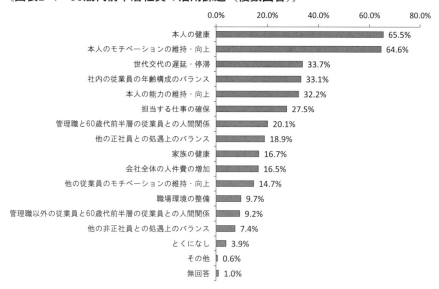

資料出所：独立行政法人高齢・障害・求職者雇用支援機構「継続雇用制度の現状と制度進化」（2018年）

企業の雇用確保義務年齢は
いよいよ70歳へ

（1）　政府による高年齢者雇用促進の動き

　我が国における高齢化の現状を受け、近年、政府による高年齢者雇用政策が急ピッチで推進されているところは周知の事実である。

　2019年 5 月15日に実施された政策会議である「未来投資会議（第27回）」では、「70歳までの就業機会の確保」を軸とする方針が次のように述べられた。

> ・人生100年時代を迎え、働く意欲がある高齢者がその能力を十分に発揮できるよう、高齢者の活躍の場を整備することが必要。
> ・高齢者の雇用・就業機会を確保していくには70歳までの就業機会の確保を図りつつ、65歳までと異なり、それぞれの高齢者の特性に応じた活躍のため、とりうる選択肢を広げる必要がある。
> ・このため、65歳から70歳までの就業機会確保については、多様な選択肢を法制度上許容し、当該企業としてはそのうちどのような選択肢を用意するか労使で話し合う仕組み、また、当該個人にどの選択肢を適用するか、企業が当該個人と相談し、選択ができるような仕組みを検討する必要がある。

資料出所：未来投資会議（第27回）配布資料 1　内閣官房日本経済再生総合事務局「高齢者雇用促進及び中途採用・経験者採用の促進」（2019年 5 月15日）より抜粋

以後、労働政策審議会（職業安定分科会雇用対策基本問題部会）を中心に議論が積み重ねられ、2020年3月31日に改正高年法が成立し、2021年4月から施行される。改正法の概要は以下のとおりである。

> 65歳から70歳までの高年齢者就業確保措置として、以下のいずれかの措置を講ずることを企業の努力義務にする
> 　①定年引上げ
> 　②継続雇用制度の導入
> 　③定年廃止
> 　④労使で同意した上での雇用以外の措置（継続的に業務委託契約する制度、社会貢献活動に継続的に従事できる制度）

(2) 企業に及ぼす影響と人事制度のトレンド

　70歳までの就業機会の確保については、政府方針の第一段階として、企業に対して「努力義務」という形で法制化されたが、前述の未来投資会議（第27回）配布資料1においても、「第二段階として、多様な選択肢のいずれかについて、現行法のような企業名公表による担保（いわゆる義務化）のための法改正を検討する。」と述べられているように、義務化に向けた動きが加速していくことは間違いないだろう。

　今後、多くの企業は未曽有の高齢化社会の中において、今までに経験したことのない問題に直面することになる。

　現状では、シニアの活躍・活性化という目的に照らしていえば、60歳から65歳までの再雇用期間でさえ、十分に行えていない企業が多い中で、さらに5歳延ばして70歳までの雇用を維持することができるのかどうか、大半の企業ではイメージさえ持てていない状態、といっても過言ではないだろう。

　また、単に雇用を継続すればよいということではない。というのは、雇用期間が延長されていくことは、当然ながら多くの企業にとって賃金・人

件費コストの上昇圧力としてのしかかってくる可能性が高いからである。加えて、シニア層の意識も多様化してくると予想される。これまでのように定年前と同一労働であるという前提の中で、かつ賃金を一律に引き下げてシニア層のモチベーションを維持し、活用することは、正直にいって難しいと言わざるを得ない。

　したがって、国の動きに合わせて、企業もシニア層を対象とした人事制度の在り方をトレンドに合わせて変えていくことが本格的に求められてくることになる。詳細は第 2 章以後で紹介するが、全体に関わる論点も含まれるため、人事制度のトレンドについてここで軽く触れておくこととしたい。

①　「同一労働同一賃金」への対応

　現行の高年法に基づく「継続雇用制度」を利用し、（定年前と同一労働であり、かつ有期契約社員になるという前提において）定年後の再雇用社員の賃金を一定割合減額している企業の中には、同一労働同一賃金のルールに対応するため（大企業は2020年 4 月から、中小企業は2021年 4 月から適用）、再雇用者の賃金の引上げを検討しなければいけないケースが増えてくるだろう。

　逆に定年延長により正社員としての処遇が継続される場合には、同一労働同一賃金への対応が不要になると考えられるため、そうした点から定年延長に踏み切る企業が増えてくることも予想される。

②　2025年問題

　2025年には60歳以上の雇用に関する公的給付金が廃止または減額になるという問題であり、具体的には厚生年金と高年齢者雇用継続給付が該当する。

　特別支給の老齢厚生年金（報酬比例部分）については、支給開始年齢の引上げが、男性は2025年（女性は2030年）に完了し、以後の支給は65歳からとなる。また、高年齢者雇用継続給付については、2025年に60歳になる

人から段階的に縮小される。

　いずれも、60歳以上の労働者にとっては非常に大きな収入源であり、企業にとっても、こうした公的給付金が最大化されることを前提に60歳以降の賃金を低めに抑えていたところが少なくないことから、自社のシニア層に対する賃金引上げが重いコストとして影響してくることになると予想される。

　このように考えてくると、今後各企業で社員の高年齢化が進行し、シニア層が急激に増加する中において、必要な人件費上昇をカバーしつつ、かつシニアの健康面に配慮して生産性を落とさずに企業運営を行っていくことには大きな困難を伴うことが予想される。

③ 職務・役割主義型の賃金制度への転換

　多くの企業で採用されている能力主義型の賃金制度は、どちらかといえば年功的な運用になっていることが多く、加齢とともに「仕事の価値＜賃金水準」になってしまうケースが少なくない。

　「仕事の価値＜賃金水準」となっている状態で雇用期間が延長されていく（かつ、対象となるシニア層が大幅に増えていく）ことは、企業にとって望ましくない人件費上昇に違いない。

　そこで、自社の賃金制度を、能力主義型からいわゆる「職務・役割主義型※4」に転換することが、シニア活用の側面でも人事制度のトレンドの1つになっていくものと思われる。

　具体的には、シニア層だけを対象とするのではなく、現役世代を含む人事制度全体のコンセプトを「職務・役割主義型」に変更することにより、年齢に関係なく、その時点で担っている役割や職務の価値に応じた賃金を実現することができる（基本的に職務価値＝賃金水準）。

　そうすれば、雇用期間が延長するからといって年功的に賃金が上がることはなくなり、シニア層に関しても、年齢に関係なく、能力や意欲のある社員を活用することが可能になる。

　また、今までのように、同一労働であるにもかかわらず継続雇用後に賃

※4：「職務・役割主義」の人事制度とは、一人ひとりの社員が実際に担当している仕事（＝職務・役割）の内容／責任によって、等級や賃金といった人事的処遇が決まる仕組みを指す。極論的な言い方をすると、「人に対して賃金を払う」のではなく「仕事に対して賃金を支払う」という考え方。

金が３〜４割ダウンするような対応はしなくてよくなるため、同一労働同一賃金ルールへの抵触リスクも抑えることが可能になる。

《図表1-5　「能力主義」と「職務・役割主義」の人事制度上での違い》

比較項目	能力主義	職務・役割主義
等級の昇降格	職務遂行能力の変化で等級が上下異動	仕事の変化によって等級が上下異動
役職と等級との関係	役職と等級は分離して運用	（原則）１つの役職に対して１つの等級
評価対象の中心	仕事で求められる能力（職務遂行能力）	仕事の遂行度合いや仕事上での成果
等級ごとの基本給の幅	長い幅（特に若年層）	なし、もしくは短い幅
昇給・降給	職務遂行能力の変化で上下変動	（本来的には）仕事の変化のみで上下変動
職種間での賃金差異	（一般的には）なし	（本来的には）あり

資料出所：新経営サービス人事戦略研究所作成

④　社外への流動化促進

　自社のすべてのシニア層を生涯雇用し続けることが難しいという企業もあるだろう。

　政府方針としては、企業が自社だけでシニアを雇用し続けるのではなく、子会社・関連会社での継続雇用、それ以外の会社への再就職、フリーランス契約、起業といった方法で、シニアの活躍の幅を広げる選択肢も検討されているところである。現在すでに推進されようとしている副業・兼業等も、シニアの働き方の選択肢として数えられるだろう。

　ただ、このような方法は、雇用継続年齢の引上げ以上に、各企業にとってはノウハウのない分野であり、かつ周囲にも実践例が少ないため、ほとんどの企業では有力な選択肢として検討できないのが実情である。

　とはいえ、一部の先進的な大手企業、また中小企業においても、体系的なシニア雇用の枠組みが整っているところもある。自社だけでのシニア雇

用に行き詰ってしまう前に、こうした社外への流動化策も現実的な選択肢として運用できる状態にしておかないと、シニア層が足かせとなって成長戦略が描けなくなるという最悪のシナリオにならないとも限らない。

　今すぐに具体的な議論に移らないとしても、経営陣、総務人事部門を中心に、他社事例を研究し、自社への適用の可能性を探っていく姿勢は重要になってくるものと思われる。

　本書で紹介する個別企業の事例では、例えば60歳以後の働き方を「業務委託契約」にするような仕組みの例もあるため（第5章）、参考にしていただきたい。

本書の狙いと目的

（1）　中小企業の実情—コンサルタントの立場から

　ここまで、一般論として、多くの企業が今後、シニア活用において今まで経験したことのない課題に直面するであろうと説明してきた。

　では、各企業ではこうした課題に対して、今後現実的にどの程度対応できるのだろうか。筆者の感覚では、「ほとんどの企業の対応は遅れるか、対応できずに問題が大きくなっていく」ものと思われる。

　ここで、簡単に筆者の立ち位置について説明しておきたい。筆者はコンサルティング会社に勤務するコンサルタントとして、クライアント企業の経営改善に携わる立場である。クライアントの企業規模は大半が中小企業であり、社員数でいえば数十人から数百人、多くても数千人までの企業に対して支援を行っている。

　主な支援内容は、いわゆる人事制度（評価・賃金制度）の導入・改善であり、近年では本書のテーマでもある、シニア活用に向けた人事制度改革の支援を依頼されることも増えてきている。

　最終的に支援に至るかどうかは別として、人事セミナーの実施、あるいは個別の問い合わせを通じて、日々、中小企業の経営者あるいは人事担当幹部の方と話す機会は多い。その中で筆者が感じている、シニア活用に対する中小企業の取組みの実情は、以下のとおりである。仮に企業のタイプを3つに分けて説明を試みたい（あくまで筆者の経験則に基づいており、統計情報に基づいているものではないことを了承いただきたい）。

① 先進型：自社の実態を詳細に把握し、計画的にシニア活用に取り組んでいる企業

　中小企業で最も少ないタイプである（感覚的には全体の1割程度）。自社の組織年齢構成の中長期的な変化を見越して必要な人員計画を立て、かなり早い段階からシニアの活用に戦略的かつ継続的に取り組んでいるため、確実に成果に表れている。

　先進型の企業では、経営トップがそもそもシニア活用に関心が高いか、あるいは総務人事の責任者クラスに、シニア活用に対する問題意識を持った優秀な人材が在籍しているケースが多い。

② 様子見型：自社の実態はある程度把握しているが、さまざまな制約から現時点では計画的に取り組めていない企業

　先進型に次いで少ないのがこのタイプである（感覚的には全体の3割程度）。シニア活用の必要性自体は感じており、自社の内部的な課題もある程度把握し、外部情報も積極的に収集しているが、具体的な行動に移せていない企業である。

　様子見型の企業に対して、シニア活用について少し突っ込んだ話を聞くと、「急いで取り組む必要性までは感じていない（他に優先すべきことが多い）」「同業他社で取り組んでいる例を聞かないため、様子見している（情報が少ない）」「大がかりな改革を行うにはマンパワー、予算のいずれも不足している」といった回答が多い。

　当該制約条件を計画的にクリアしていく算段がある、という意味での「戦略的な様子見」であればよいが、それができている企業は「先進型」に分類しておく方がよいだろう。

　筆者の感覚では、様子見型の企業の大半は時間が経っても制約条件がクリアされることはなく、あるいは別の「取り組まないことを正当化する」理由を次々と持ち出して結局進まないか、進んだとしてもスピードが遅く、気がつけば問題が大きくなっていることも少なくない。

　コンサルタントとして非常に印象的だった案件がある。以前筆者が講師を務めた「シニア活用」に関するセミナーに参加した企業から、7年ぶりに問い合わせがあり、人事部長のA氏を再び訪問することになった。

　当時も一度企業訪問をしており、残していたメモをみながら内容を思い返していた。その内容を簡単にまとめると、「自社の組織年齢構成は同業他社と比べると5〜6歳若く、したがって今すぐにシニア活用のことを考えるところまでは必要ない」ということだった。

　当時とは環境も変わっており、具体的なシニア活用に関する相談があるのかと考えて訪問したところ、A氏は最近の中小企業の動きやシニア活用の具体的な取組み内容について一通り筆者から聞き出した後、「今日聞いた範囲では、同業他社と比べてまだうちの会社は年齢が若く、シニア層が増えてはきているものの、特段の問題は起きていない。経営トップもそれほど関心が高いテーマではないので、もうしばらく様子見でよさそうだと感じた」とのことであった。

　コンサルタントとしての支援の有無は別として、何らかの取組みがその会社で進んでいけば、と相談に乗った立場としては、大変に肩透かしをくらった思いであったが、「こういう企業は存外多いのだろう」とあらためて認識するきっかけにもなった。

　大半の中小企業はシニア活用に関して、差し迫った問題が起きていなければ関心を示さないし、自社の組織内部のことを将来的なことまで含めて深堀りして考えることもない。そんな余裕がないともいえるだろうか。A氏の会社は5年後も同じ状態かもしれないが、それはそれとして、シニア活用に関して企業に健全な危機感を持ってもらうためには、コンサルタントとしての情報の伝え方にも工夫が必要であると実感した出来事であった。

③　放置型：自社の実態をほとんど把握しておらず、議論すらスタートできていない企業

　残念ながら、中小企業で最も多いのが放置型である。近年特にそのように感じるようになったことが、本書の執筆に取り組んだきっかけでもある。

放置型の企業の特徴は、そもそも外部から必要な情報が入ってきていないことや、仮に情報が入っていたとしても、当該情報の自社への当てはめと評価ができていないことが多い。もう少し端的にいえば、「何が問題なのかわからない、何から着手すればよいのかわからない」という状態といえばいいだろうか。

　様子見型との違いでいえば、放置型は漠然とした危機感はあるところが多いように感じる。様子見型は、ともすると自社の抱えるリスクを過少評価してしまい、結果的に潜在的なリスクを大きくしてしまう傾向があるが、放置型については、外部の情報を自社に当てはめて問題点を明確にできれば、正しく取り組める可能性は高いと考える。

　ただ、近年は特に、法改正を含めてシニア活用の取組みテーマは複雑かつ広範囲にわたるため、放置型の企業では、社内でスムーズに施策を展開していくことが難しい。「自社でも考えるべき内容ではあるのだろうが、何から取り組めばよいかわからない」「自社でそれが問題なのかどうかも判断できない」という状態が長く続くと、放置している間に問題点が大きくなることもありうる。

　最近では放置型に該当する企業を訪問すると、「問題が起きてから」の対応について相談を受けるケースが多くなっている。

　例えば、「ベテラン技術者が定年退職した後（再雇用を希望せず完全退職）、同じレベルで仕事のできる社員が社内にいないことが明らかになり（技能継承ができていなかった）、一部の仕事が受けられなくなった」「シニア層がここ数年急激に増えており、明らかに現場の生産性が低くなったように感じる」「シニア層から人事制度に対する不満の声を聞くようになった」など、お粗末ともいえる実態であることが少なくない。

　このような問題の多くは、簡単にいえば、普段から各部門の責任者がシニア層に対して積極的にコミュニケーションをとり、問題点を拾い上げていれば防げたであろうし、少なくとも影響を最小限に抑えることができていた内容である。

　しかしながら、大半の中小企業では普段からシニアを取り巻く職場環境

に目を向ける余裕がないか、そもそも関心が低い状態であるため、こうした問題が起きてしまう。

(2)　「現状分析」の質が、取組みの成否を分ける

　本書のタイトルには「現状分析」という重要なキーワードを入れている。これまで筆者が見聞きしてきた、「先進型」「様子見型」「放置型」の各企業の違いを一言で説明するとしたら、「現状分析の質」の違いである。

　もちろん、大前提としては、「シニア雇用」に関する経営トップ、あるいは人事担当幹部の関心が高いことが重要ではある。ただ、意識の高低にかかわらず、自社の現状にどの程度問題があるのか、あるいは今現在問題がないとしても、将来的に問題が起こりうるのか、ということについて、深いレベルでの仮説・検証を行えるかどうかによって（現状分析の質）、シニア活用の取組みのスピード、範囲、そして成否は大きく変わってくる。

　先進型の企業に関していえば、他と比べて現状分析の質は格段に高い。であるからこそ、経営陣が高い問題意識を持つことにつながるし、あるいはすぐに取り組む必要がないという戦略的な判断も可能となる。

　また、先進型の企業ではシニア活用に取り組むこと自体に大きな迷いがないため、方法論自体のよしあしや成否は別として、取組みのスピードが速い。当然、PDCAが早いサイクルで回るため、様子見型や放置型の企業にみられるような、「気づいたら問題が大きくなっていた」といったような状態にはなりにくい。

　あらためて本書の狙いと目的の重要な部分は、様子見型あるいは放置型に分類される企業に対して、先進型の中でも特に成功している企業で取り組まれている現状分析の方法をセオリーとしてまとめ、解説することにある。

　シニア活用における具体的な施策を理解することも重要だが、施策ありきではなく、あくまで現状分析からスタートしていただき、自社の課題に沿った方法論の選択、あるいは実施プロセスを踏んでもらうことで、少し

でもシニア活用の取組みが実効性のあるものになることを願うものである。

(3) 各章の歩き方

　読者が自社の実態に沿ったシニア活用の進め方を検討する際に、本書をより効果的に活用していただくため、ここでは次章以降の内容について簡単に確認しておきたい。

　第2章「自社の『現状分析』をしてみよう」では、各企業のシニア活用において最も重要なプロセスとして本書で位置づけている「現状分析」の考え方と方法論について解説する。

　具体的な手法としては、「人員分析」「賃金・人件費分析」「シニアの環境分析」の3つによる総合的な現状分析の結果を基に、シニア活用のスタンスを決め、取組みの基本方針を策定することを提案している。

　「人員分析」「賃金・人件費分析」は方法論もシンプルで時間をかけずに有益な情報が得られるため、すぐに経営陣で情報共有すべき内容である。「シニアの環境分析」は社内アンケートやシニア層への個別面談など、比較的時間を要する取組みであるため、各企業の状況によって取組みの程度を判断すべきである。ただし、得られる情報は多岐にわたり、シニア活用の方向性を考える上で自社の本質的な課題が発見できる可能性があるため、できるだけ実施するようにしていただきたい。

　現状分析で得られた情報は、第3章以後の内容にすべて関わってくるため、可能であれば一通り本書に目を通していただいた後、自社の現状分析の結果を踏まえて再度第3章以降を熟読していただくと、より深く内容がイメージできるようになるものと思われる。

　第3章「シニア社員の活躍を引き出す人事制度の設計方法」では、「シニア活用」を効果的に行うための人事制度の基本的な設計方法について解説する。第2章で解説するシニア活用に対する企業のスタンスごとに適した制度設計の内容を紹介しているため、自社に近い内容から確認してもらうのもよい。特に、一般的な継続雇用制度を採用している企業においては、

引き続き継続雇用制度のままとするのか、定年延長まで検討するのかなど
は、大きな検討要素になるだろう。

　先進企業で取り組まれている内容も含めて、シニア活用に役立つ人事制
度について網羅的に紹介しているので、一通りのバリエーションを知識と
して入れておきたいという方であれば、第 3 章から入っていただくのもよ
い。

　第 4 章「60歳定年―継続雇用制度の改革事例」、第 5 章「60歳以上への
定年延長制度の改革事例」では、実際の企業事例について詳細に解説する。

　掲載事例は、筆者が実際にコンサルティングを担当した企業をベースに
作成したモデル事例を中心としており、中堅・中小企業における制度改革
の実際のところを疑似的に体感いただくことができるように工夫している。

　また、実在の大手有名企業の事例に関しては筆者がコンサルティングを
担当したものではなく、シンポジウム等で当該企業が対外的に公表してい
る内容をベースに構成し、当該企業の確認を得た上で掲載している。

　中小企業と大手企業で組織の前提は異なるが、取組みプロセスの丁寧さ
や、全体としてのシニア活用施策のバリエーションの豊富さなど、中小企
業にとっても参考にできる部分が多いため、できるだけ細かく解説してい
る。

　なお、第 4 章のはじめでも注意を促しているが、各事例における制度設
計の内容について、そのまま自社に取り入れることのないように、くれぐ
れも注意していただきたい。

　本書のタイトルとも関係するが、各企業の人事制度改革は、各社の組織
実態と中長期的な経営方針に基づいて設計されたものであり、他の企業が
そのまま取り入れてもうまく機能しない可能性が高いからである。この点、
以下を読み進めていただくと、あらためてご納得いただけるはずである。

第2章

自社の
「現状分析」を
してみよう

なぜ、シニアの活用が進まないのか

　本書のタイトルにもある、「シニア再雇用・定年延長」の問題に、筆者がコンサルタントとして本格的に取り組みはじめたのが2013年のことである。

　2013年はシニア雇用の問題が頻繁に取り上げられた年である。60歳定年制の企業において、定年後の継続雇用がなされなければ、60歳以後に「無年金・無収入」になる者が生じるという問題を背景に※5、高年法が改正され、希望者全員の65歳までの継続雇用が義務化された※6。

　当時、法改正を受けて、各企業でシニアの積極的な活用についての議論が活発になされたものの、実際にはほとんど進展しなかったというのが筆者の実感である。なぜ進まなかったのか？　主たる要因は次のように整理ができるだろう。

（1）　ほとんどの企業がすでに法改正に対応できていたこと

　2013年4月の高年法改正時点では、すでに65歳までの継続雇用を含む高年齢者雇用確保措置を実態として運用できている企業が大半であり（図表2-1)※7、法改正を受けて新たな取組みが必要になる企業は少なかったであろうことが挙げられる。

※5：2013年4月1日より厚生年金保険における特別支給の老齢厚生年金（報酬比例部分）の支給開始年齢が60歳→61歳に引き上げられたため、60歳定年により継続雇用がなされなければ無年金・無収入となる者が生じる可能性が生じた。
※6：高年法が定める3つの高年齢者雇用確保措置（①定年制の廃止、②定年の引上げ、③継続雇用制度（再雇用制度・勤務延長制度等）の導入）のうち、③継続雇用制度の改正により、希望者全員の65歳までの継続雇用が義務化された。なお、法改正までに労使協定により継続雇用制度の対象者を限定する基準を定めていた企業は、法改正後12年間当該基準を利用できる経過措置が設けられている。
※7：図表2-1において、高年法改正が行われた平成25年（2013年）に高年齢者雇用確保措置の実施企業の割合が92.3％と低下しているが、これは当該法改正により、継続雇用制度の対象者を限定する基準が廃止されることへの対応が必要になったためと推察される。法改正以前も高い水準であったが、以後はほぼ100％に近い状態で推移している。

《図表2-1　高年齢者雇用確保措置の実施状況》

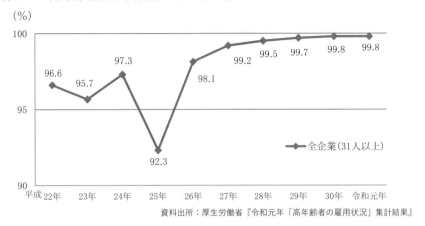

資料出所：厚生労働省『令和元年「高年齢者の雇用状況」集計結果』

(2) 継続雇用の対象となるシニアの人数が限られており、緊急性のある問題として議論がなされなかったこと

　2013年当時は継続雇用制度の対象となる60歳以後のシニアの数が現在と比べても少なく（図表2-2）、とりわけ中小企業でのコンサルティングを通じた筆者の実感においては、社員数全体に占める60歳以上の割合は1割に満たず、また、新たに定年を迎えて継続雇用になる社員も年に1～2人いるかいないか、という程度の企業が多かった（もちろん、企業の年齢構成によって事情は大きく異なる）。

《図表2-2　企業における60歳以上の常用労働者数とその割合》

年	年齢計	60歳以上合計	60～64歳	65歳以上
2013年	28,181,932	2,719,692人 （9.7%）	1,933,215人 （6.9%）	786,477人 （2.8%）
2019年	31,654,879	3,864,572人 （12.2%）	2,147,609人 （6.8%）	1,716,963人 （5.4%）

筆者注：労働者数31人以上の企業が対象。（ ）内は年齢計に対する該当年齢層の割合。

資料出所：厚生労働省『令和元年「高年齢者の雇用状況」集計結果』を基に新経営サービス人事戦略研究所作成

シニアの人数自体が限られている状況に加え、多くの企業が、シニアに積極的な役割を求める必要のある逼迫した状況ではなかったということも相まって、シニア活用が緊急性のある問題として取り上げられなかったのではないかと考える。

(3)　先行企業の事例が限られており、参考情報が少なかったこと

　2013年当時、他社に先駆けて定年延長を行った企業は世間的にも大きな注目を集めたが、どちらかといえば大企業の例が多かったため大半の中小企業にとっては参考にできる部分が少なかったのではないかと思われる。

　前述の(1)(2)のような状況に加え、身近な取組み事例もほとんどなかったわけであるから、仮にシニア活用の重要性を感じていたとしても、「何から取り組んでいいかわからない」「他社に先んじて失敗したくない」という心理からシニア活用が先送りになってしまったものと考える。

外部環境の変化で高まる
シニア活用のニーズ

　2013年の高年法改正以後、しばらくの間シニア雇用に関するトピックスがなかったものの、近年、大きく外部環境の変化が生じてきている。具体的には、
　　・高年齢化によるシニア層の増加と、就業希望年齢の上昇
　　・企業全体に人手不足感が生じてきていること
　　・シニア雇用に関わるさらなる法改正の動きがあること
などが重要な点として挙げられる。いくつかの資料を基に内容を確認しておきたい。

（1）　高年齢化によるシニア層の急増と、就業希望年齢の上昇

　企業全体で社員の高年齢化が進行していることは先ほど述べたとおりであるが、それに併せて、シニアの就業希望年齢も長くなってきており（図表2-3）、「より長く働きたい」という意識の強さがうかがえる※8。

　筆者の実感においても、ここ10年程度の間に、労働者の就業に対する意識は確実に変化してきている。例えば、シニア層に対する個別インタビューをしていても、10年前は「60歳を超えても65歳まで働くかどうかはわからない」という回答が比較的多かったが、最近では、65歳まで働くのは当たり前で、70歳までとの回答が増えていたり、あるいは特定の年齢を決めずに、「働ける間は働くことになると思う」という回答も多く聞かれるようになってきている。

※8：図表2-3について、60~69歳を対象としたアンケートにおいて、就業希望年齢を66歳以上と回答している割合が、43.4%存在している（66歳～70歳、71歳～75歳、76歳～80歳、81歳～85歳、86歳～90歳、91歳以上、の各区分の合計）。

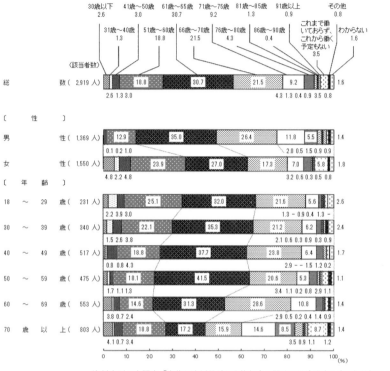

《図表2-3　就業希望年齢（何歳まで仕事をしたいか（したか））に関するアンケート》

資料出所：内閣府「老後の生活設計と公的年金に関する世論調査」（平成30年11月）

（2）企業全体に人手不足感が生じてきていること

　企業全体に人手不足感が生じてきていることも、ここ10年ほどの間の大きな雇用状況の変化である。人手不足感を表す指標や調査はいくつも存在するが※9、ここでは実際に60歳以上への定年延長を行った企業に対するアンケート調査を紹介したい（図表2-4）。

　同調査において、定年延長を実施した企業に対して人手不足感を聞いたところ、企業規模による違いはあるものの、過半数の企業が人手不足という結果となっている。

※9：人手不足感を表す指標として、①有効求人倍率（2018年平均で1.61倍と高い水準を維持している）、②労働経済動向調査における正社員等労働者過不足判断DI（2019年11月調査時点で、調査産業計が37ポイントと、2011年8月の調査から連続して不足状態となっている。また、すべての産業で不足超過）などがある。

《図表2-4　定年延長を実施した企業の人手不足状況》

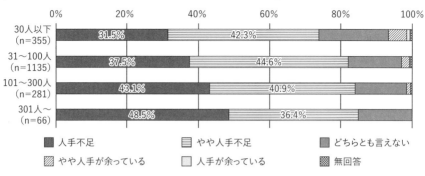

資料出所：独立行政法人高齢・障害・求職者雇用支援機構『＜改訂版＞定年延長、本当のところ』(2019年)

　筆者が依頼を受けた建設・工事関連の企業（60歳定年制。定年後は継続雇用制度を採用）において、ベテランシニアの離職が相次いだ際、新規採用が間に合わず、一時的に人員不足が発生して現場が混乱しかけた、という事案があった。同社におけるシニア離職の背景には、継続雇用制度における処遇に対する不満や、より処遇の良い再就職先が複数あったこと等の事情があったようである。

　自社におけるシニアの役割の大きさを実感した同社では、今後も人手不足の状況が恒常的に見込まれること、その中で新規採用が間に合わないリスクを考慮し、それまでの人事制度をあらため、65歳までの定年延長を行い、シニアの処遇を全体的に改善するという方向に踏み切っている。

　企業ごとに状況は異なるものの、特に中小企業において、人手不足感からシニアの人事制度を根本的に見直す企業の動きは今後増えてくるものと予想される。

（3）　シニア雇用に関わるさらなる法改正の動きがあること

　2018年以降、シニア雇用に関わる法対応の面でも新たな動きへの対応が必要になってきている。主な内容は以下のとおりである。

① 同一労働同一賃金への対応

いわゆる「働き方改革関連法」のうち、「同一労働同一賃金」に関わる法改正※10が重要である。

具体的には、定年後に継続雇用されるシニアは通常、1年単位の契約更新制で雇用される非正規社員であり、正社員との比較で同一労働同一賃金の対象となるため、自社の賃金制度が法律の内容に合致しているか否かの確認が必要となる（当該論点は第3章で詳述する）。

② 公的給付の減額

いわゆる公的給付（特別支給の老齢厚生年金および高年齢者雇用継続給付）については、2025年をターニングポイントとして大きな変更が予定されている。

特別支給の老齢厚生年金については法律上、2025年に支給開始年齢が65歳（女性は2030年から）となるため、以後、60歳からの5年間の勤務期間中は支給されないこととなる。

また、高年齢者雇用継続給付については2025年に60歳に到達する労働者から段階的に縮小される。

③ 高年法改正への対応（70歳までの就業機会の確保）

高年法改正により2021年4月から、従来の65歳までの雇用確保措置に加えて、70歳までの就業機会を確保する制度を設けることが企業の努力義務となった。

当面は努力義務だが、このままの流れでいくと、70歳までの雇用確保措置の義務化や、継続雇用制度の廃止による完全65歳定年の法制化も、そう遠くないうちに議論されるようになる。そうなれば、ほとんどの企業が対応したことのない局面に突入するため、シニア活用について、自社で雇用する以外の方法も含め、抜本的に再検討する必要性も生じるだろう。

※10：正式名称は、「短時間労働者及び有期雇用労働者の雇用管理の改善等に関する法律」。同一労働同一賃金の導入は、大企業は2020年4月1日、中小企業は2021年4月1日より施行。

　以上の内容について、特に①は企業の状況によっては急を要する問題である。すなわち、高年法の定める継続雇用制度を採用し、非正規社員としてシニアを再雇用する限りにおいて、正社員との関係で同一労働同一賃金の対象となるため、再雇用時の業務が定年前と同一であるにもかかわらず賃金を下げている場合には、適法な運用ができているかどうかについて自社の人事制度を精査する必要がある。

　②に関しては、公的給付が支給されることを前提にシニアの賃金水準を低めに設定していた企業ほど見直しが必要になってくるであろうし、抜本的に賃金制度の改革を行うのであれば、定年延長も視野に入ってくると思われる。

　③に関しては、多くの企業で緊急的な対応は必要ないと考えられるが、早い段階から検討を開始しておくに越したことはない。まずは、後述する自社のシニア活用方針を詳細に検討するにあたり、自社で継続雇用する以外の方法についても話題に上げてみる、という程度でよいだろう。

（4）　先進企業の特徴

　ここまで、大半の企業でシニア活用が進んでこなかった背景と、その中で、近年の外部環境の変化でシニア活用のニーズが高まってきていることについて確認してきた。

　この点、早い段階から効果的なシニア活用に成功している企業も少ないながら存在する。意外に思われるかもしれないが、成功事例は大手企業に限らず、中小企業においても存在する。

　では、先進企業とそれ以外の企業との違いは何か。最も重要な違いは、シニアを取り巻く自社の環境を深いレベルで分析できており、そうした分析に裏づけられた、明確なシニア活用の方針を全社的に打ち出し、人事施策のベースにしている点にある。

　それは特別なことなのかといえば、決してそうではない。時間はかかるが、どんな企業でも確実に取り組める内容である。具体的には以下のよう

なポイントについて、5〜10年先を想定した計画を作成することからはじめる。

- ・今後、自社を取り巻く経営環境はどのように変化するか（市場動向、経営戦略等）、その中でどのような組織体制が求められるか

- ・今後、自社の年齢構成はどのように変化するか、その中でシニア層のボリュームはどの程度になるか

- ・経営環境あるいは年齢構成の変化を想定する中で、シニア活用の必要性をどのように考えるか、シニアに求める役割をどのように設定するか（積極活用あるいは消極活用）

- ・シニア活用の必要性が高いと判断した場合に、シニアの生産性を高めるために、どのような環境整備が必要か（人事制度、職場環境、教育機会等）

- ・各種法対応を確実に行うために必要な取組みは何か

シニア活用に向けた組織の現状と課題に長い期間をかけて向き合ってきた先進企業の取組み過程は、これから本格的にシニア活用に取り組む企業にとって多くのヒントになるものと考える。

実際の企業事例の詳細については第4章に譲るとして、ここから先は大半の企業で活用できる、シニア活用に向けた自社の現状分析と方針策定のノウハウについて紹介していくこととする。

現状分析・方針策定の
進め方―人員分析

(1) 人員分析の基本的な考え方と手法

　シニア活用における自社の現状を分析する視点は、大きく「人員分析」「賃金・人件費分析」「シニアの環境分析」の3つに分けられる。まず、人員分析の手法についてみていく。

　人員分析の目的は、中長期的な自社の組織人員構成（年齢分布）の変化を予測する過程でシニア活用の方向性を検討することにある。

　組織人員構成の変化に関する基本的なとらえ方としては、将来的にシニア層のボリュームが増加／減少のどちらの方向となるか、そして実際に組織がその状態になるとどんな問題が起こりうるのかを推察する中で、組織課題の抽出を行っていく。

　人員分析の最も簡単な手法は、社員年齢構成の変化について、ひとまず成り行きの試算を行ってみることである。

　例えば現在の社員数（正社員ベース）が200人であるとして、いったん200人を維持する前提で、5年後、10年後、15年後の年齢構成を試算する（図表2-5）。

　ここで、200人を維持する、という前提を置いている点には意味がある。当然ながら、実際には都度入退社が発生して変動が起きるが、現状分析の段階では単純化したモデルで検討することにより、かえって将来的な組織課題を明確にしやすい側面がある。

　そこで、例えば定年退職を65歳とし、退職者が出る度に同数の大卒社員

を補充する、という簡易な条件設定を考えてみるとわかりやすい[11]。

《図表2-5　自社の年齢構成分布の予測（成り行き予測）》

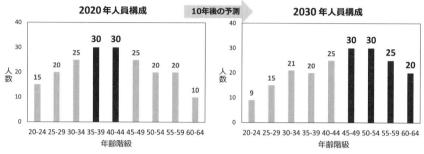

資料出所：新経営サービス人事戦略研究所作成

（2）　組織人員構成の基本的なタイプと分析・評価

　では、自社の年齢構成に関する将来予測ができた段階で、それをどのように分析・評価すればよいだろうか。ここでは比較的シニア活用に関して課題の多い企業に特徴的な3つのタイプを紹介していく。

　筆者は3つのタイプを「中抜け型」「中太り型」「高齢化型」に分類している（図表2-6）。特に、「中抜け型」「中太り型」は企業の一般的な組織人員構成としてよくみられる類型である[12]。

※11：もちろん、今後の事業環境の変化を想定して将来人員を設定するなど、詳細な方針がある場合は人数を固定せず、またさらに細かい条件設定を設けても（近年の入退社の傾向を加味するなど）差し支えない。
※12：一般社団法人日本経済団体連合会「ホワイトカラー高齢社員の活躍をめぐる現状・課題と取組み」（2016年5月17日）が実施したアンケートによれば、ホワイトカラーに限定した組織人員構成の一般的な傾向として、ひょうたん型（本文の「中抜け型」が近い）の企業が全体の40.5％と最も多く、次いで、ひし型（本文の「中太り型」が近い）の企業が32.2％と多い。

《図表2-6　組織人員構成の基本的なタイプ》

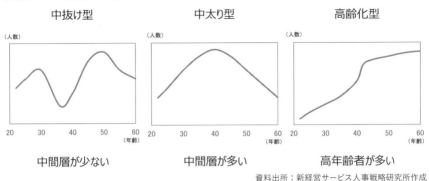

資料出所：新経営サービス人事戦略研究所作成

(3)　「中抜け型」組織の分析と評価

　中抜け型組織の年齢構成を概観すると、
　　①30代半ば〜後半に人員構成上の大きなへこみがある
　　②20代後半〜30代前半層と、40代半ば〜50代前半層にボリュームゾー
　　　ンが形成されている
　といった特徴がある。
　中抜け型組織の評価をシニア活用の文脈でとらえると、おおむね次のよ
うなことがいえる。
　現状だけの評価をみるのであれば、40代半ば〜50代前半のベテラン層が
厚く、安定的な組織構成であるという見方もできる。しかし、5年後、10
年後には大量のシニア層・ポストシニア層が形成されるため、この層をど
のように処遇していくのかという点と、そのころには本来基幹人材を輩出
すべき中間層のボリュームが少ないため、必要な幹部人材を計画的に育成
できるかどうかという点も大きな課題になる。
　中抜け型組織の場合、こうした重要課題が近い将来に迫っているととら
えるのが健全だが、現状の組織に目立った問題が起きていないとそうした
思考にいかないのも実態である。

自社の現状が中抜け型組織に近い場合、中長期視点でシニア活用を行っていく必要性は高いといえる。具体的には、中間層が少ないことを踏まえて、シニアの役割を「現役の継続」ととらえるか、「権限移譲と後進育成の強化」ととらえるかによって、シニアの処遇方針も異なってくる。

　前者の場合、例えば現在の50代が60歳で定年するまでに中間層の基幹人材化が間に合わないとすると、継続雇用で引き続き最前線にいてもらわなければいけないので、場合によっては定年延長も視野に入れながら、さらに5年程度のスパンを現役として機能してもらう必要がある。

　あるいは後者の場合、中間層のへこみに対応するため、若い世代の抜擢も含めて基幹人材層の若返りを図っていく方針とするのであれば、50代の社員には現役の続行というよりは権限移譲やコア技術の伝承を早期に進め、早い段階から後進育成に役割をシフトしてもらう必要性が高くなる。

　このあたりの塩梅、切替え時期をどのように見据えて計画的に動くかが、企業ごとのシニア活用に向けた検討のポイントになるだろう。

(4)　「中太り型」組織の分析と評価

　30代半ば〜後半、40代前半くらいまでの中間層に一番大きなボリュームゾーンが形成されているのが特徴である。

　現状の評価では、シニア活用の観点において中抜け型よりも問題は少ないといえる。現時点でのシニアの絶対数は少なく、ボリュームゾーンがシニア層として形成されるまでにはかなり時間的余裕がある（10〜20年単位）ためである。

　しかしながら、中抜け型と比べてシニア活用の必要性が少ないかといえばそうではなく、大量の中間層を定年まで、あるいは定年後も活かしていくための長期的な対策が不可欠となる。

　まず、近い将来に必ず起こるポスト不足の問題を考える必要がある。組織拡大により適切なポストを賄っていくか、子会社・グループ会社がある場合には出向あるいは転籍によりポストを当て込んでいく、あるいはそれ

でもポスト不足に陥る場合、マネジメント適性のない者を専門職として活用していく（そのための教育機会を充実させるなど）、といった方法も考えられる。

　次に、長期的な人件費高騰への対応を考える必要がある。中間層のすべてが高い生産性を維持していくことは困難であるとすると、将来的に人件費負担が最も重くのしかかってくるのが中太り型組織であることから、シニア層を含む賃金制度の大幅な改革が必要になってくるだろう（図表2-7）。

《図表2-7　高年齢化を見据えた賃金カーブの見直し例》

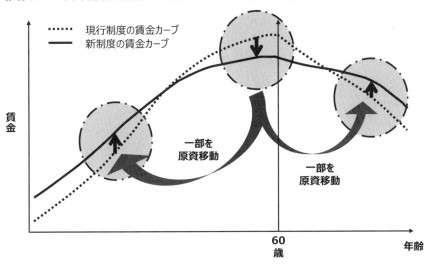

　見直しの考え方：年功的に賃金が高くなっている階層の水準を抑制した上で、その原資の一部を若年層もしくは60歳以上の賃金に原資移動し、カーブを緩やかに描く形が理想的

資料出所：新経営サービス人事戦略研究所作成資料

　あるいはまた、プラスの意味で雇用の流動化を推し進めていく視点も、今後は無視できないだろう。中間層をターゲットとして、適正離職率を確保していくための施策[13]も人事サイドとしては検討要素に入れておく必要があるのではないだろうか。

※13：セカンドキャリア支援という名目での早期退職制度と、再就職支援、あるいは政府が推進していこうとしている副業・兼業の推進などが考えられる。

(5) 「高齢化型」組織の分析と評価

　中抜け型あるいは中太り型の組織が将来的に直面する課題に今まさに取り組む必要があるのが、高齢化型組織である。その意味で、シニア活用を早期に検討し、取組みを展開する必要がある。

　検討の方向性は大きく2つに分かれる。1つは現在のシニア層を「総現役化」し、生涯現役をスローガンに65歳、70歳までの雇用の仕組みを整えていく方向である。人手不足感が大きく、若手・中堅層で賄うことも現実的ではないとすると、定年延長をベースとした人事制度改革を早期に検討していくことが重要になる。

　もう1つは現在のシニア層の「総現役化」は行わず、シニア個々の特性ごとに役割を限定あるいは精査した中で組織の若返りを意図的に行っていく方向である。

　どの程度の期間で想定した若返りが完了するかにもよるが、シニアとしての経験を組織の若返りのために使ってもらう方が、将来的な組織開発の観点ではシニアの現役化を長引かせるより望ましい、という場合もあるだろう。

現状分析・方針策定の
進め方─賃金・人件費分析

次に、賃金・人件費分析の手法についてみていく。

賃金・人件費分析の目的は、人員分析と同じく、中長期で自社の組織人員構成（年齢分布）が変化していく過程で、最適なシニア活用を実現するために賃金・人件費面の合理化を実現することにある。

基本的な考え方としては、全社的な高年齢化に伴う総額人件費の上昇をいかに抑えていくか、一方で定年後の継続雇用制度において個別賃金を低めに抑えられているシニア層に対して、単純な賃金引上げではなく、役割の大きさや仕事のパフォーマンスに応じた賃金の最適化を図ることで、シニア賃金における社内的な納得感と社外的な競争力をいかにして確保していくか、といったことが重要なポイントとなる。

（1）総額人件費

シニア活用を推進していく上で、中長期の総額人件費がどのように推移するか予測しておくことが重要である。

総額人件費の試算は、人員分析とセットで行うことでより効果を発揮する。例えば、5 年後の組織におけるシニアの人員構成を考えたとき、人員分析上は余裕を持って組織運営できるという判断に至り、その一方で総額人件費は想定よりも上昇するという試算が出たとする。その場合に、1 つのシナリオとして、5 年後の組織におけるシニアの人員構成を計画的に絞り、1 人当たりの生産性を高めていかないと人件費的に見合わないのでは

ないか、といった議論を展開することもできる。

　あるいは、人手不足の見込みからシニアを現役として積極的に活用する方針であり、定年延長を含めて賃金を大幅に引き上げる必要があると判断したとする。しかし、総額人件費に与えるインパクトが大きいため許容できない、となった際、シニアの賃金水準だけをとらえるのではなく、全社的な賃金カーブを見直すことで原資を捻出していく方向性も考えられる。

　このように、人員分析と絡めた人件費分析を詳細に行うことで、シニア活用における検討の幅を広げることが可能となる。

　さて、総額人件費予測の標準的な方法として、人員分析の前提に合わせて、簡易な条件の下で総額人件費の成り行き予測を行う方法を紹介する。

　具体的には、年齢階級別、あるいは資格等級別の平均年収をベースに（将来も同額とする）、既存の社員数を維持する前提で人員構成の変化を人件費の計算に反映させる方法が実施しやすいと考える（図表2-8）。

《図表2-8　自社の総額人件費の予測（成り行き予測)》

【2020年人件費（概算）】

10年後の予測

年齢階級	平均年収	平均人件費	人数	合計人件費
20〜24歳	3,040千円	3,648千円	15人	54,720千円
25〜29歳	3,910千円	4,692千円	20人	93,840千円
30〜34歳	4,700千円	5,640千円	25人	141,000千円
35〜39歳	5,620千円	6,744千円	30人	202,320千円
40〜44歳	6,370千円	7,644千円	30人	229,320千円
45〜49歳	7,360千円	8,832千円	25人	220,800千円
50〜54歳	7,620千円	9,144千円	20人	182,880千円
55〜59歳	7,510千円	9,012千円	20人	180,240千円
60〜64歳	4,506千円	5,407千円	10人	54,072千円
			195人	**1,359,192千円**

【2030年人件費（概算）】

年齢階級	平均年収	平均人件費	人数	合計人件費
20〜24歳	3,040千円	3,648千円	9人	32,832千円
25〜29歳	3,910千円	4,692千円	15人	70,380千円
30〜34歳	4,700千円	5,640千円	21人	118,440千円
35〜39歳	5,620千円	6,744千円	20人	134,880千円
40〜44歳	6,370千円	7,644千円	25人	191,100千円
45〜49歳	7,360千円	8,832千円	30人	264,960千円
50〜54歳	7,620千円	9,144千円	30人	274,320千円
55〜59歳	7,510千円	9,012千円	25人	225,300千円
60〜64歳	4,506千円	5,407千円	20人	108,144千円
			195人	**1,420,356千円**

約4.5%のアップ

〈上記人件費シミュレーションの前提条件〉
　　・平均年収は年齢階級ごとの平均値。10年後も同額。
　　・平均人件費は、平均年収の1.2倍で仮計算。

資料出所：新経営サービス人事戦略研究所作成資料

（2） 個別賃金（公的給付を含まない場合）

　次に、シニアの個別賃金の分析を行う。個別賃金の妥当性を検討する際のポイントは、①賃金水準に対するシニア自身の納得感、②賃金水準の対外的な競争力・魅力度、の２つである。

　①に関して、定年後の継続雇用期間中の賃金が定年前と比べて大幅に下がるケースが一般的であることから、基本的に多くの企業でシニアの賃金水準に対する納得感は低い状態であると理解しておいてよい。

　定年前とほぼ同一業務を行っているにもかかわらず、３〜４割程度の年収ダウンがあるわけなので、他社でもそれが一般的であるということに対して一定の理解はしつつも、多くのシニア層にとって納得するところまでは難しいというのが実態だろう。後述する「シニアの環境分析」で行う社内アンケートや個別面談の機会も活用しながら、現在の賃金水準に対する納得感や、満足できるラインはどこなのか、ということについてもきめ細かく把握しておくようにしたい。

　②に関しては、シニアの賃金水準を長い期間変更しておらず、結果的に他社より低くなっていることに気づかず放置してしまっていることがある。

　この点、筆者の実感では、近年のシニア活用に対する各社の意識の高まりから、シニアの賃金水準の底上げを行うケースが増えてきている。実際に筆者のクライアント数社において、シニアの月次給与を２〜３万円程度引き上げている。

　賃金水準の他社比較においては、公的な統計資料を参考にしながら目安を設けるとよい。

　はじめに、厚生労働省の「賃金構造基本統計調査」を紹介する。この調査では、年齢区分ごとの賃金水準はもちろんのこと、業種・社員規模・地域、といった細かい単位で賃金を比較できる点が特徴である（図表2-9）。

　仮に60歳以上のデータをシニアの賃金水準としてみると[14]、製造業であれば55歳〜59歳区分（a）の平均年収5,334千円に対して、60歳〜64歳区

分（b）の平均年収は3,474千円となっており、単純計算による減額率（1-b/a）は34.9%である。このデータを全産業の場合と比べると、60～64歳時の賃金水準は低く、55歳～59歳時からの減額率（1-b/a）は高い、ということが分かる。

なお、本調査データは、月次給与のみ（かつ残業代のあり／なし）、賞与のみ、といった区分でも賃金データを参照することができるため、必要に応じて活用されたい。

《図表2-9　シニアの賃金水準データ》

業種区分	年齢区分別平均年収 （単位：千円）		減額率(%) （1-b/a）	参考	減額率（%） （1-c/a）
	55～59歳（a）	60～64歳（b）		65～69歳（c）	
全産業	5,376	4,083	24.1	3,416	36.5
製造業	5,334	3,474	34.9	2,887	45.9
建設業	7,061	5,826	17.5	5,194	26.4
卸売業、小売業	5,827	4,196	28.0	3,337	42.7
運輸業、郵便業	4,042	3,223	20.2	2,990	26.0
宿泊業、飲食サービス業	3,684	2,977	19.2	2,466	33.1
情報通信業	7,225	4,979	31.1	4,185	42.1

筆者注：データは、出所資料中「第1表　年齢階級別きまって支給する現金給与額、所定内給与額及び年間賞与その他特別給与額」の中で、「男女計・学歴計」かつ「企業規模100～999人」を対象としたものを使用し、平均年収は「所定内給与額×12＋年間賞与その他特別支給額」で算出

資料出所：厚生労働省「賃金構造基本統計調査」（令和元年）を基に筆者作成

次に、人事院の「職種別民間給与実態調査」を見ておきたい。2019年の本調査の特徴は、前述の「賃金構造基本統計調査」と異なり、定年年齢を60歳から引き上げた企業（定年制を廃止した企業を含む）だけの賃金水準を集計している点である。

同調査によれば、60歳超定年の企業において、一定年齢到達を理由に給与を減額している企業の割合は課長級、非管理職とも30％を超えており、

そのうちの大半は60歳時点で給与減額を行っている（図表2-10）。

　また、60歳時点で給与減額を行っている企業に関して、具体的な減額後の賃金水準は、年間給与ベースで課長級、非管理職とも80％超となっている。

　定年延長を行っている企業においても、定年延長前後で給与を下げている例が少なくないことを示すデータであり、今後、自社で定年延長を検討する際にも参考にしていただきたい。

《図表2-10　定年年齢を60歳から引き上げた事業所（定年制を廃止した事業所を含む）におけるシニアの賃金水準データ》

①一定年齢到達を理由とした給与減額の状況

区分 ＼ 項目	給与減額あり	60歳で減額	給与減額なし
課長級	36.7%	24.0%	63.3%
非管理職	31.5%	20.6%	68.5%

②60歳で給与を減額している事業所における60歳超従業員の年間給与水準（59歳時点の年間給与水準を100とした場合の比較）

課長級	非管理職
81.0%	80.9%

資料出所：人事院「職種別民間給与実態調査」表19（2019年）

（3）個別賃金（公的給付を含む場合）

　シニアの賃金を分析する上でもう１つ必要な視点が、特別支給の老齢厚生年金、高年齢者雇用継続給付といった公的給付の存在である。

　これらの公的給付は企業の賃金水準および定年前からの減額率をベースに決定される構造であり、公的給付の支給割合が最大化するようにシニアの賃金水準を設定するという、いわゆる「最適賃金」の考え方をベースに制度設計を行っている企業が少なくなかった。

　しかしながら、公的給付は2025年をターニングポイントとして、廃止ま

たは段階的減額の方向に向かうため、今後企業は、①公的給付が支給されている前提での賃金水準に対外的な競争力・魅力度はあるか、②公的給付を前提としない場合の賃金水準に対外的競争力・魅力度はあるか、という2つの側面で検討する必要がある。

　参考までに、特別支給の老齢厚生年金、高年齢者雇用継続給付の計算方法を示す（図表2-11、図表2-12）。

《図表2-11　特別支給の老齢厚生年金（在職老齢年金）の支給基準》

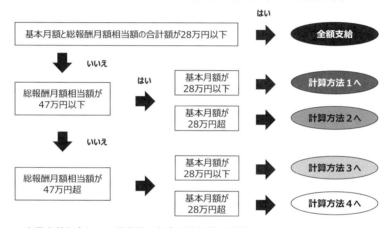

<在職老齢年金による調整後の年金支給月額の計算式>
・基本月額[※15]と総報酬月額相当額[※16]の合計額が28万円以下の場合
　全額支給
・総報酬月額相当額が47万円以下で基本月額が28万円以下の場合【計算方法1】
　基本月額－（総報酬月額相当額＋基本月額－28万円）÷2
・総報酬月額相当額が47万円以下で基本月額が28万円超の場合【計算方法2】
　基本月額－総報酬月額相当額÷2
・総報酬月額相当額が47万円超で基本月額が28万円以下の場合【計算方法3】
　基本月額－｛（47万円＋基本月額－28万円）÷2＋（総報酬月額相当額－47万円）｝
・総報酬月額相当額が47万円超で基本月額が28万円超の場合【計算方法4】
　基本月額－｛47万円÷2＋（総報酬月額相当額－47万円）｝

資料出所：日本年金機構ウェブサイト
https://www.nenkin.go.jp/service/jukyu/roureinenkin/zaishoku/20150401-02.html

※15：基本月額＝加給年金額を除いた特別支給の老齢厚生（退職共済）年金の月額
※16：総報酬月額相当額＝（その月の標準報酬月額）＋（その月以前1年間の標準賞与額の合計）÷12

《図表2-12　高年齢者雇用継続給付の支給基準》

賃金の低下率	支給率	賃金の低下率	支給率
75%以上	0.00%	67.5%	7.26%
74.5%	0.44%	67.0%	7.80%
74.0%	0.88%	66.5%	8.35%
73.5%	1.33%	66.0%	8.91%
73.0%	1.79%	65.5%	9.48%
72.5%	2.25%	65.0%	10.05%
72.0%	2.72%	64.5%	10.64%
71.5%	3.20%	64.0%	11.23%
71.0%	3.68%	63.5%	11.84%
70.5%	4.17%	63.0%	12.45%
70.0%	4.67%	62.5%	13.07%
69.5%	5.17%	62.0%	13.70%
69.0%	5.68%	61.5%	14.35%
68.5%	6.20%	61%以下	15.00%
68.0%	6.73%		

60歳到達時の賃金月額[17]と比較した支給対象月に支払われた賃金額（みなし賃金を含む）の低下率[18]に応じた支給率を、支給対象月に支払われた賃金額に乗ずることにより高年齢雇用継続給付の支給額を計算する[19]。

資料出所：厚生労働省ウェブサイト
https://www.mhlw.go.jp/stf/seisakunitsuite/bunya/0000158464.html

※17：60歳到達時の賃金月額は、原則として、60歳に到達する前 6 カ月間の総支給額（保険料等が控除される前の額。賞与は除く）を180で除した賃金日額の30日分の額
※18：「低下率」（%）＝支給対象月に支払われた賃金額／60歳到達時の賃金月額×100
※19：計算した支給額が最低限度額を超えない場合は、高年齢雇用継続給付は支給されない。

現状分析・方針策定の進め方
―シニアの環境分析

　人員分析、賃金・人件費分析では、将来予測を基に、自社のあるべきシニア活用の方向性を検討することを目的にしてきた。

　そうしたあるべき方向性に対して、現実の組織が適切に機能するかどうか、さらにいうとシニア活用を推進するための職場環境、人事制度は整っているのか、シニア層の仕事に対する意欲はどうか、といった実態論からのアプローチを行う。これを「シニアの環境分析」と呼ぶ。

　分析の進め方は、大きくソフト面とハード面に分けて行う。おおむね次のような内容を含んでいることが必要である。

①シニア自身の仕事への意欲に関する調査項目（ソフト面の分析）
　・仕事への取組み意欲、あるいは仕事のやりがいの実感はどうか
　・働き方に対する不満はないか
　・職場の人間関係に対する不満はないか
　・金銭面、健康面での不安はないか　等

②社内の仕組みに対する調査項目（ハード面の分析）
　・人事制度（評価・賃金制度）に対する満足度はどうか
　・職場環境に対する満足度はどうか
　・能力開発の機会は十分か
　・定年延長に対する希望　等

　シニアの環境分析に関する具体的な方法論として、社内アンケート調査および個別面談による検証を中心に行うことを提案したい。

　どの程度の規模感のアンケートにするかは、会社ごとのシニア活用に対する重要性あるいは危機感の認識によるが、ここでは簡易に行う方法と、詳細に行う方法の2種類を紹介する。

(1) 雇用環境・活用力の簡易分析

　まずは、簡易な分析の方法について。独立行政法人高齢・障害・求職者雇用支援機構の作成した「65歳超雇用推進マニュアル〜高齢者の戦力化のすすめ〜」(2019年2月最終改訂)に掲載されている、「65歳超戦力化雇用力評価チェックリスト(簡易版)」(図表2-13)を社内アンケートとして使用する方法である。

　このアンケートは、「シニアを活用する風土があるか」「シニアが働きやすい職場づくりができているか」「シニアに成長機会を提供しているか」「シニアを戦力化しているか」「シニアに対して働きかけを行っているか」という観点で構成されており、自社とベンチマーク企業との点数比較を行うことで、シニア活用の実態を適宜確認することを目的としている。

　シニアの人数が限定されており、シニア活用に対する社内の温度感もある程度わかっているという場合には、簡易な分析でよいだろう。

　当該アンケートは全社で実施することもできるが、経営陣および管理者層、シニア層に絞って実施する方法でも構わない。

　当該アンケート結果をベンチマーク企業の平均と比較することで、自社の課題について仮説を立てることができる。アンケート実施後は、対象層に対して個別の聞き取りを行うことも推奨したい。アンケート結果との乖離がないかどうかの裏づけになることと、実際に聞き取りを行うという過程自体も、シニア活用に対する全社的なムードを醸成していく上で役に立つと考えられるためである。

《図表2-13　シニアの雇用環境・活用力の簡易分析（例）》

大項目	小項目	あてはまる	ややあてはまる	あまりあてはまらない	あてはまらない	ベンチマーク企業の平均
活用風土	会社にとって高齢社員は戦力であるという方針を持っている	4	3	2	1	3.43
	経営者や管理者は社員に60歳以降の社員の戦力化の大切さを働きかけている	4	3	2	1	3.08
	各職場の社員は、60歳以降の社員が会社にとって戦力であることを理解している	4	3	2	1	3.13
働きやすい職場づくり	仕事内容を決めるときは、60歳以降の社員の希望を考慮している	4	3	2	1	3.18
	仕事内容を決めるときは、60歳以降の社員の強み、弱みを考慮している	4	3	2	1	3.26
	60歳以降の社員が働きやすいよう、体制や配置などを工夫している	4	3	2	1	2.73
成長機会の提供	60歳以降の社員が力を発揮しやすい職場となるよう工夫している	4	3	2	1	2.49
	50歳以降の社員に対しても教育訓練、自己啓発支援を行っている	4	3	2	1	2.23
	長く戦力として働けるよう、若いときから専門能力・技能を身につけさせている	4	3	2	1	2.88
戦力化	60歳以降の社員には、原則としてそれまでと同水準の仕事をさせている	4	3	2	1	3.64
	60歳以降の社員に対しても、評価を行っている	4	3	2	1	3.11
	60歳以降の社員にも、賞与を支給している	4	3	2	1	3.03
働きかけ	60歳以降の社員と上司との面談機会を設けている	4	3	2	1	3.07
	60歳以降の社員に、勤労意欲や能力の維持・向上に努めるよう、働きかけを行っている	4	3	2	1	2.98
	会社の期待や果たすべき役割を60歳以降の社員に明確に伝えている	4	3	2	1	3.21

資料出所：独立行政法人高齢・障害・求職者雇用支援機構「65歳超雇用推進マニュアル～高齢者の戦力化のすすめ～」（2019年2月最終改訂）を基に筆者作成

（2）雇用環境・活用力の詳細分析

　シニアの環境分析について、より詳細に実施したい、という場合には、自社オリジナルのアンケート項目を作成し、調査を行うことを推奨したい。

　アンケート内容としては、前述（50頁）のソフト面、ハード面に関する項目をできるだけ網羅できるようにする。もちろん、自社で特に重要な要素について設問項目を増やすなどの工夫は望ましいが、設問項目が増え過ぎないように注意したい（多くとも40項目程度が適切である）。

　それ以上に重要なのは、アンケートの対象層の区分である。シニア層に対して実施することは当然のこと、シニア層をマネジメントする管理職層や、ポストシニア層（ここでは50歳代半ば～59歳までの層など）に対してもアンケートを実施することで、より広範囲の意識を調査することができる。

　どこまで対象層を広げるかは会社ごとの事情、ニーズによって異なるが、最大限広げて、40歳代程度まででよいのではないだろうか。

　筆者の実績においては、全社員を対象に、「40歳未満」「40歳代」「50歳代」「60歳以上」の4区分において実施したケースがある。当該アンケートからは、シニア活用に対する示唆はもとより、全社的な社員の働き方に対する意識を吸い上げることができたため、30歳代の社員に対してライフプランに関するセミナー受講を教育体系に組み込むなど、結果的にシニア活用にとどまらない展開に発展した。

　図表2-14にシニア層とポストシニア層に対して筆者が独自のアンケートを実施した例（アンケート項目の観点および設問例）を抜粋して紹介するので、アンケート作成の参考にされたい。

《図表2-14 シニアの雇用環境・活用力の詳細分析（例）》

①社内アンケート項目の観点

設問カテゴリ	ポストシニア対象 （55〜59歳の正社員）	シニア対象 （60歳以上の継続雇用者）
自社の継続雇用制度に対する理解	・自社の継続雇用制度について十分理解しているか	・自社の継続雇用制度について十分理解しているか
65歳までのキャリア意識	・何歳まで働きたいか ・60歳を超えて働きたいと思う理由	・何歳まで働きたいか ・定年後に継続雇用で働こうと思った理由
	・定年後はどのような働き方を望むか（場所、仕事内容、仕事時間） ・自身のスキルや今後のステップアップへの不安	・60歳以前のころの勤務と比べて、仕事に取り組む気持ちはどう変わったか（☞アンケート設問例【1】参照） ・引き続きキャリアに対する意識は高いか
65歳までの生活全般	・60歳以降の仕事や暮らしについての考え方 ・60歳以後の年収減を想定しながら貯蓄するなど、ライフプランを立てて生活ができているか	・現在の働き方や処遇に対する総合的な満足度 ・今後も働き続ける上での不安、障害（☞アンケート設問例【2】参照）
シニアを取り巻く職場環境整備	・シニアが会社に対して果たすべき役割についてどう思うか ・シニアに対する職場環境整備は十分と感じるか ・シニアと若手・中堅、あるいは管理職との協力関係は良好と感じるか	・シニアとしての自身の役割に対する意識（☞アンケート設問例【3】参照） ・シニアに対する職場環境整備は十分と感じるか ・シニアと若手・中堅、あるいは管理職との協力関係は良好と感じるか ・シニアの新たな職務・職域として考えられる仕事内容は何か

②アンケート設問例

【1】

問　定年前のころの勤務と比べて、仕事に取り組む気持ちはどう変わりましたか（2つまでに○）
① 変わっていない。今も60歳以前のころと同じ気構えで、緊張感を持って仕事に取り組んでいる
② 仕事の責任が軽くなったのはさみしいが、職場では仕方のないことなので、割り切ってやっている

③　仕事の責任が軽くなったのはありがたい反面、今よりもう少しやりがいのある仕事（難易度の高い仕事）も担当したいという思いがある

④　仕事の責任が軽くなり、60歳以前と比べて仕事上のストレスがなくなったせいか、仕事が楽しくなった

⑤　職場で高齢者しかできない役割があると思うようになり、それを開拓しながら仕事を楽しんでいる

⑥　生活維持のためだけにやっている。仕事をやっているという感覚はあまりない

⑦　仕事の内容が変わらないものの、報酬が下がることにより仕事に対する意欲は下がっている

⑧　その他（自由回答　　　　　　　　　　　　　　　　　　）

【2】

問　今後も働き続ける上で不安なこと、障害になることはどんなことですか（3つまでに○）

①　働く気力が続くかどうか

②　肉体的衰えなどの身体的事情

③　介護など、家庭の事情

④　将来必要となるお金の準備ができるか不安

⑤　自分に向かない仕事（職場）に配属されるかもしれない

⑥　会社から再雇用しないといわれ、失業するかもしれない

⑦　新しい知識・技能の習得に難しさを感じている

⑧　仕事が原因で身体を壊すかもしれない

⑨　職場の人間関係が悪く、心が安らかでない

⑩　職場でいじめ・いやがらせに遭うかもしれない

⑪　その他（自由回答　　　　　　　　　　　　　　　　　　）

【3】

問　再雇用者として、自身が会社で果たすべき役割についてどのように感じますか（2つまでに○）

①　高い技能・技術を活用して会社に貢献する

②　豊富な経験・人脈を生かして会社に貢献する

③　技術・知識・ノウハウを次世代に継承する

④　経験を活かして後輩に的確なアドバイスを行う

⑤　その他（自由回答　　　　　　　　　　　　　　　）

資料出所：新経営サービス人事戦略研究所作成資料

　なお、アンケート実施後は、必ず個別面談を通じた聞き取り調査を行うことを推奨したい。

　大手企業で人数が多い場合、全員に対する聞き取り調査はなかなか難しいであろうが、中小企業であれば、シニア層および管理職層は全員、ポス

トシニア層（50歳代半ば〜59歳まで）にも可能な範囲で幅広く意見を聞くことにより、中長期的にシニア層になっていく社員がどのような意識で、どのようなパフォーマンスが期待できるのかということが理解できるため、今後の取組みに生かすことができる。

　最後に、アンケートおよび面談実施後は、サマリーをまとめて、基本方針として全社にフィードバックするようにしたい（図表2-15）。

《図表2-15　シニアの環境分析におけるサマリーと基本方針の整理（例)》

テーマ	現行制度の課題		シニア活用の基本方針
	シニア（60歳以上）の意見	管理職の意見	
継続雇用後の働き方	・本人の意向に沿った柔軟な働き方の選択 →継続雇用後の担当業務による業務量、責任の差が大きい		（1）柔軟な働き方の実現 ・フルタイムだけでなく、パートタイムも選択できるようにする （2）活躍できるフィールドの拡大 ・自ら主体的に形成したチャレンジ目標に対して、会社が機会を与えていく（相応の責任や権限を与える）
シニアの役割	・確実な業務引き継ぎ ・知識、技術の伝承 ・プレイヤーとしての成果	・通常業務に加えて、経験に見合ったチャレンジをしてもらう ・後継者育成など、積極的な指導者としての役割を期待	
処遇への反映	・人事評価が処遇に反映されていない	・一律の評価ではなく、働き方やチャレンジの内容によって評価基準は変えていく必要があり、成果に対してはシニアにも相応の処遇を行うべき	（1）働き方に応じた評価基準の設定 ・パートタイムのコースでは人事評価の基準を緩やかにし、処遇への反映も基本的には行わない ・チャレンジ目標に取り組むシニアには目標達成度に応じた処遇アップ（賞与による）を充実させる
	・評価者によるフィードバックがない	・シニアの役割を意識してもらい、その遂行度をフィードバックすべき	

資料出所：新経営サービス人事戦略研究所作成資料

現状分析・方針策定の進め方
——スタンスの確定

（1）　会社全体でムードを形成することの必要性

　さて、現状分析の結果が出た後には基本方針の策定に移る。ここでいう基本方針とは、「短期的に何をするか」という具体策に関わるものに加えて、「中長期的に我が社はシニア活用の問題にどう取り組んでいくべきか」というスタンスを決めた上で、取組みに対する積極的なムードを全社的に形成していく、そういった意味での基本方針でなければならない。

　ある程度現状分析が進み、自社の問題点が明らかになった段階ですぐに人事制度改革に取り掛かろうとする例がある。筆者の経験上、こうしたケースでは計画通り進まないか、失敗することが多い。これは特に、シニア活用に関して多くの問題点を抱えている企業に典型的である。

　現状分析の結果に危機感を持った人事担当者がトップをはじめとする経営幹部に対策を報告する、その際には定年延長をはじめとして、人件費の上昇を伴うような比較的大掛かりな提案を行うケースが多いが、そうすると、「いきなりそこまで急がなくても」と、経営層との温度差が生じてしまう可能性が高い。

　前述したように、シニア活用というテーマは、現状では積極的に取り組んでいる企業の方が少ないぐらいであり、定年延長に至っては採用している企業はほんのわずかである。そうした状態で、いくら詳細な現状分析データを背景に提案を行ったとしても、経営層からは「総論はわかった。ただ話が大きいので、今すぐ取り組むべきことなのかどうかは、再考して

ほしい」と返されてしまう、そういうケースを筆者はこれまで多くみてきた。

　経営層の反応だけではなく、社員目線でみても、特に若手中堅層から、「なぜシニアだけ処遇を良くするのか」というマイナスイメージでとらえられてしまうことさえある。

　したがって、基本的にシニア活用はトップダウンで行われない限り、優先度は高くなりにくい。自社に問題があるということと、実際に制度改革に取り組むかどうか、という点には思った以上に隔たりがあると考えた方がよいだろう。

（2）　3つのスタンスで考える、シニア活用の基本方針

　経営層に自社のシニア活用に対する基本方針を説明するにあたり、大きく分けて3つのスタンスを選択肢として提案するとよいだろう。本書ではこの3つを、①限定活用型、②柔軟活用型、③生涯現役型、と呼ぶ。

　現状分析の結果、シニアの人数もまだまだ少なく、大きな問題点がないと判断した企業は、当面は限定活用型の方向を考えればよいし、将来に備えたいということであれば、中長期の時間軸を設定して、計画的に柔軟活用型→生涯現役型に移っていけばよい。

　逆にシニアの問題が急を要すると判断した企業は、柔軟活用型または生涯現役型の考え方で、できるだけ早く取組みを開始していくことが望まれる。

　3つのスタンスそれぞれの考え方については、第3章の制度設計についての解説でも用いるため、よく理解しておいていただきたい（図表2-16）。

《図表2-16　シニア活用における 3 つのスタンス》

制度設計における主要検討論点	限定活用型	柔軟活用型	生涯現役型
	シニア社員に対しては限定的な仕事での雇用機会のみ提供し、法的な対応を最優先して活用する	正社員と変わらず高度な貢献内容を求める社員と、限定的な貢献のみを求める社員とで、メリハリをつけて活用する	年齢に関係なく、積極的にシニア社員を活用する
雇用形態	基本的に再雇用（契約社員か嘱託社員等）する		引き続き正社員で雇用する
等級　等級制度（役職制度）の設計をどのようにするか？	再雇用後は、等級制度を設けない（個別対応）	再雇用後用のコースまたは役割等級制度を設ける	65歳、70歳まで運用できる等級制度を設計する
評価　評価制度の設計をどのようにするか？	再雇用後は、評価をしない	再雇用後のコースに応じた評価表を作成する（目標管理中心）	正社員と同様の評価を行う
賃金　給与テーブルの設計をどうするか？	個別に設定するまたは、定年時の給与基準に一定額を減額して設定（昇給なし）	再雇用後の給与テーブルを設計する	生涯賃金を考慮した賃金カーブを描ける給与テーブルを設計する
賞与の支給をどうするか？	再雇用後は、賞与を支給しないまたは寸志程度の支給	再雇用後の賞与制度を設計する	正社員と同じ賞与制度を適用する
活用　新陳代謝をどう考えるか？	貢献度の低い社員に対して新陳代謝を促す（早期退職制度）	個別ニーズ（身体的衰え等）に対応するため多様な働き方を支援する（選択定年制）	
	本人の志向や能力を踏まえて、今後の新陳代謝や職務転換を含めた働き方についての意識教育を行う（キャリア教育等）		
職務転換をどう考えるか？	職務転換を視野に入れて活用する（限定的な仕事の創出を図るとともに計画的な職能教育を行う）	担当の専門領域において活用する（これまでの能力や知見が陳腐化しないように、継続的な教育環境を整備する）	

資料出所：新経営サービス人事戦略研究所作成資料

① 限定活用型

　シニア雇用に関して、最低限必要な法的対応のみ優先するタイプである。現状分析の結果、基本的にシニア活用に関する問題点がなく、シニアの人員増も少ないことが想定される企業は通常、限定活用型が基本方針となるだろう。今後、シニアに求める職務上の期待役割や責任の範囲も限定されていくであろうし、定年延長なども優先事項には上がりにくいと考えられる。

　では、限定活用型はシニア活用に関して取り組むテーマがないかというと、決してそうではない。柔軟活用型、生涯現役型と比べると相対的に取組みボリュームは少なくなるものの、近年、法的に対応すべき内容が多く

なってきているためである。特に、同一労働同一賃金への対応は重要である。

同一労働同一賃金への対応

高年法に基づく継続雇用制度により再雇用されたシニアの雇用区分が「非正規社員」であり、定年前と同じ業務を行っている（同一労働である）場合には、同一労働同一賃金の対象となるため、自社の人事制度が適法な状態になっているかどうかの確認が必要になる。同改正は2020年4月1日から施行されており（ただし中小企業においては2021年4月1日から）、取組みの優先度は高いといえる。

高年法改正への対応とシニアの賃金見直し

今般の高年法改正により、企業には70歳までの就業機会の確保が求められることになった（2021年4月施行）。

ただ、65歳以上の雇用に関しては当面努力義務であるため、高年法への対応という点において限定活用型を志向する企業では取組みの優先度が下がるだろう。ただし、老齢厚生年金の支給開始年齢引上げ（厚生年金保険法）はすでに期限が決まっており、高年齢者雇用継続給付についても段階的に縮小されていくため、シニアの賃金見直しに関しては限定活用型の企業にとっても重要度の高いテーマとして認識すべきである。

② 柔軟活用型

生涯現役型まではいかないものの、現状のシニア活用に関して明確な問題点があり、短期的に対応が必要という場合、柔軟活用型の考え方を推奨したい。

柔軟活用型のキーワードは「働き方の多様化とメリハリのある処遇」である。限定型のようにシニア活用の幅を限定するのではなく、また生涯現役型のように高度な人事制度を整えるスタンスでもない。一部には定年延長を志向する企業もあるだろうが、柔軟活用型の想定はまだ、継続雇用制

度の継続である。

　柔軟活用型ではシニアに対する仕事の機会の提供方法を変え、より意欲が高く、より能力の高いシニアに対しては正社員同様の高度な貢献を求め、従来のシニアより高い処遇を行う。逆にそうでないシニアには相応の処遇を行うが、業務量や期待役割・責任は減少させ、従来よりも限定的な貢献を求めていく方向とする。これもメリハリの 1 つである。

③　生涯現役型

　短期〜中長期いずれの視点でもシニア活用の必要性が非常に高いというケースでは、生涯現役型を志向して早い段階から取り組んでいく意義は大きいといえる。生涯現役型を基本方針として経営陣に提案を行っていく場合には、定年延長を含めたシニアの仕事環境全般の改善について幅広い施策を提示していくことになるが、その際、経営陣との間で取組みに対する意識面で温度差が発生しないように留意していただきたい。

　例えば定年延長の議論を行う場合も、「手段ありき」になりがちなところがあるため、定年延長の目的を再確認した上で、シニアが生涯現役として生産性の高い仕事を行うために必要な条件は何か、という基本的なところから十分時間をかけて議論し、全社的にコンセンサスを得ていくプロセスが求められる。

　人事制度に関しても、定年延長後のシニアの処遇だけを考えるのではなく、場合によっては全社的な人事制度の在り方を見直すことも議論すべきである。全社的な賃金カーブの見直しを検討する中で、シニアの賃金水準を引き上げつつ、中長期的には人件費増を抑制していくプランを実現することができれば、より望ましい。例えば、若手の引き上げを意識しながらも賃金水準の高いゾーンである40〜50歳代のカーブを中心的に抑えつつ、60歳代以降の水準の引き上げも含めて全体的な人件費のリバランスを行うなどの方法が考えられる。

　ただ、この方法によると人事制度改革の難易度が格段に高くなり、取組みに必要な期間も比例して長くなるため、生涯現役型を選択する場合には、

取組みにあたって社内に時間的／人員的に余裕があることを前提に考えて
いただきたい。

第 3 章

シニア社員の
活躍を引き出す
人事制度の
設計方法

継続雇用制度の設計ポイント①
―「限定活用型」に沿った制度設計

(1) 継続雇用後の職務・給与の基本的な決定方法

　本章では、「65歳までの継続雇用制度（高年法に基づく）」と、「65歳まで
の定年延長制度」、それぞれにおける人事制度の設計ノウハウについて第
2章で確認したシニア雇用の基本類型ごとに適した内容を解説する。

　まずは、シニア雇用に関して「限定活用型」を志向する企業に適した継
続雇用制度の設計方法についてみていく。

　一般的に、継続雇用制度の枠内でシニアの処遇を行う企業の多くは、高
年法に基づく継続雇用制度がシニアの給与決定に関して厳密な規制を行っ
ていないことを前提に、継続雇用時には現役時と比べて賃金を下げるとい
う、大半の企業の慣行にならっている。企業によってバラつきがあるもの
の、給与水準は年収ベースの2割から、多いところでは4割程度ダウンし
ているケースも少なくない。

　職務内容は現役時とほぼ同じであるものの、管理職は定年時に役職が外
れたり、一般社員として継続雇用される場合も、基本的には職務内容・責
任の範囲を限定的にとらえる傾向が多いため、発想としては「限定活用
型」の考えに近い。

　給与処遇例の典型的なパターンをみておきたい（図表3-1）。

　1つは、定年前の等級や役職といった個人の属性にかかわらず、継続雇
用後の基本給を一律に決定する、最もシンプルな方法である。

　もう1つは、定年直前の基本給に一定の割合をかけて減額するパターン

であり、比較的多い類型である（定年前給与×70％を基本給とするなど）。

《図表3-1　限定活用型におけるシニア給与処遇の決定方法（例）》

①**再雇用後は一律の給与で処遇する**
・**等級や役職に関係なく給与が一律で決まる**

再雇用前の給与	
等級	給与
6	30万円
5	25万円
4	20万円

再雇用後の給与	
等級	給与
廃止	20万円

②**再雇用後は一定率を乗じて処遇する**
・**一定の割合で給与が下がる（例：定年前給与の70％）**

再雇用前の給与	
等級	給与
6	30万円
5	25万円
4	20万円

再雇用後の給与	
等級	給与
6	21万円
5	17.5万円
4	14万円

資料出所：新経営サービス人事戦略研究所作成資料

　基本給以外の諸手当、賞与等の仕組みに関しても、総じて定年前よりも処遇を引き下げることが多い。

　具体的には、諸手当については現役時に支給されていた手当のいくつかを支給対象外とし、賞与については不支給とするか、支給する場合でもベース金額を定年前より減少させ、人事評価等も反映しない、といった具合である。

（2）同一労働同一賃金への対応

　上記のような処遇決定ルールが抱える問題として、同一労働同一賃金の観点で法的な課題が発生する可能性がある、ということが挙げられる。というのは、継続雇用後の職務が定年前と同一であるが、処遇自体は大きく

下がっているケースが企業の実態として比較的多く、その点において同一労働同一賃金に抵触するおそれがあるからである。

　そこで、ここでは同一労働同一賃金に関して、法律の内容および政府が公開しているガイドライン、ならびに重要な裁判例である「長澤運輸事件最高裁判決」を題材に、同一労働同一賃金の観点で継続雇用制度を適法に運用するための条件について再確認をしておきたい。

① 不合理な待遇差の解消

　同一労働同一賃金の趣旨は、同一労働である正社員（無期雇用）と非正規社員（有期雇用）との不合理な待遇差を解消することにあり、具体的な法規制については、「短時間労働者及び有期雇用労働者の雇用管理の改善等に関する法律」（以下、「短時間・有期雇用労働法」という。）に定められている。

　同法9条では、「事業主は、職務の内容が通常の労働者と同一の短時間・有期雇用労働者（中略）であって、当該事業所における慣行その他の事情からみて、当該事業主との雇用関係が終了するまでの全期間において、その職務の内容及び配置が当該通常の労働者の職務の内容及び配置の変更の範囲と同一の範囲で変更されることが見込まれるもの（中略）については、短時間・有期雇用労働者であることを理由として、基本給、賞与その他の待遇のそれぞれについて、差別的取扱いをしてはならない。」と規定されている。

　同法を受け、政府は同一労働同一賃金の具体的な運用に関するガイドラインを作成している（正式名称は「短時間・有期雇用労働者及び派遣労働者に対する不合理な待遇の禁止等に関する指針」平成30年厚生労働省告示第430号。以下、「同一労働同一賃金ガイドライン」という）。同ガイドラインでは、基本給、賞与、諸手当といった形で、具体的な賃金項目について同一労働同一賃金の適合性について記載がなされている（図表3-2）。

《図表3-2　同一労働同一賃金ガイドラインの抜粋①》

基本給	基本給であって、労働者の業績又は成果に応じて支給するものについて、通常の労働者と同一の業績又は成果を有する短時間・有期雇用労働者には、業績又は成果に応じた部分につき、通常の労働者と同一の基本給を支給しなければならない。また、業績又は成果に一定の相違がある場合においては、その相違に応じた基本給を支給しなければならない。なお、基本給とは別に、労働者の業績又は成果に応じた手当を支給する場合も同様である。
賞与	賞与であって、会社の業績等への労働者の貢献に応じて支給するものについて、通常の労働者と同一の貢献である短時間・有期雇用労働者には、貢献に応じた部分につき、通常の労働者と同一の賞与を支給しなければならない。また、貢献に一定の相違がある場合においては、その相違に応じた賞与を支給しなければならない。
役職手当	役職手当であって、役職の内容に対して支給するものについて、通常の労働者と同一の内容の役職に就く短時間・有期雇用労働者には、通常の労働者と同一の役職手当を支給しなければならない。また、役職の内容に一定の相違がある場合においては、その相違に応じた役職手当を支給しなければならない。
特殊作業手当	通常の労働者と同一の危険度又は作業環境の業務に従事する短時間・有期雇用労働者には、通常の労働者と同一の特殊作業手当を支給しなければならない。
精皆勤手当	通常の労働者と業務の内容が同一の短時間・有期雇用労働者には、通常の労働者と同一の精皆勤手当を支給しなければならない。

資料出所：「短時間・有期雇用労働者及び派遣労働者に対する不合理な待遇の禁止等に関する指針」
（平成30年厚生労働省告示第430号）

　そして、シニアの継続雇用については、基本給に関する項目の（注）の2に記述がなされている（図表3-3）。ここでの最大のポイントは、「有期雇用労働者が定年に達した後に継続雇用された者であることは、通常の労働者と当該有期雇用労働者との間の待遇の相違が不合理と認められるか否かを判断するに当たり、短時間・有期雇用労働法第8条のその他の事情として考慮される事情に当たりうる。」としている箇所である。

　これは、継続雇用者については同一労働同一賃金の判断において別段の取扱いをする、すなわち、「その他の事情」として考慮される場合には、同一労働であっても同一賃金でないことが「不合理でない」として判断される可能性を含んでいる、ということである。

　個別事例における判断枠組みについては、同ガイドラインに継続雇用者の記述が追加されるベースにもなった、長澤運輸事件最高裁判決を基にみ

ていくこととしたい。

《図表3-3　同一労働同一賃金ガイドラインの抜粋②》

第3　短時間・有期雇用労働者
　（中略）
1　基本給
　（中略）
（注）2　定年に達した後に継続雇用された有期雇用労働者についても、短時間・有期雇用労働法の適用を受けるものである。このため、通常の労働者と定年に達した後に継続雇用された有期雇用労働者との間の賃金の相違については、実際に両者の間に職務の内容、職務の内容及び配置の変更の範囲その他の事情の相違がある場合は、その相違に応じた賃金の相違は許容される。
　さらに、有期雇用労働者が定年に達した後に継続雇用された者であることは、通常の労働者と当該有期雇用労働者との間の待遇の相違が不合理と認められるか否かを判断するに当たり、短時間・有期雇用労働法第8条のその他の事情として考慮される事情に当たりうる。定年に達した後に有期雇用労働者として継続雇用する場合の待遇について、様々な事情が総合的に考慮されて、通常の労働者と当該有期雇用労働者との間の待遇の相違が不合理と認められるか否かが判断されるものと考えられる。したがって、当該有期雇用労働者が定年に達した後に継続雇用された者であることのみをもって、直ちに通常の労働者と当該有期雇用労働者との間の待遇の相違が不合理ではないと認められるものではない。

資料出所：「短時間・有期雇用労働者及び派遣労働者に対する不合理な待遇の禁止等に関する指針」
（平成30年厚生労働省告示第430号）

② 長澤運輸事件最高裁判決

　長澤運輸事件最高裁判決（2018年6月1日）について、事件の概要は以下のとおりである。

　運送会社である長澤運輸株式会社のドライバー（正社員、無期労働契約）であった原告が、定年後の再雇用契約（嘱託社員、有期労働契約）において被告である会社から提示された労働条件について、労働契約法20条の違反があると主張して争われた。

　具体的な事実認定の内容としては、原告の定年前後の職務が同一労働であること、その中において定年後の賃金水準は定年前の79％程度になることが想定されること、また賞与は不支給、諸手当は一部不支給となること等があった。

　最高裁判所は本件の労働契約法20条違反の判断に際して、原告がいわゆる「定年再雇用者」であることを根拠として、特徴的な2つの判断枠組みを提示した。

　同判決の重要な判断枠組みをまとめると、次のようになる。

①再雇用者（有期労働契約社員）は長期雇用を前提とした無期労働契約社員とは性質が異なり、再雇用者であることは労働契約法20条違反の判断（労働条件の相違が不合理と認められるか否か）において、同条のいう「その他の事情」として考慮されること
　⇒再雇用者の性質から、本件における賃金減額（給与減額、賞与不支給、手当の一部不支給）は違法ではないとされた。

②一方で、同条違反を判断するにあたっては、両者の賃金の総額を比較することのみによるのではなく、当該賃金項目の趣旨を個別に考慮すべきものと解するのが相当であり、その点では本件で再雇用者に「精勤手当が支給されない」ことは不合理である。
　⇒再雇用者に対して不支給となっている手当について個別の判断がなされ、結果として「精勤手当の不支給」については違法とされた。

　あらためて本件を振り返ると、継続雇用者の位置づけから、定年前後の職務内容が同一労働であった場合でも、定年後の賃金減額が「同一労働同一賃金」の観点から「不合理ではない」と判断されている点が重要である。もちろん、本件の判断は本件事実に関してのみ行われたものであり（年収は定年前の79%水準までダウン）、すべての事案に画一的に当てはまるものではない、ということに注意が必要である。

　もう1つ決定的に重要な点は、本件は企業側が完全に勝訴した事案ではなく、企業側の人事制度に違法な点が認められているということにある。

　本件は同一労働同一賃金の法解釈に関して非常に重要な判決であるため、

今後同様の事案が発生した際、判断の根拠として引用される可能性は高い。そうした中で、諸手当を含む賃金項目が、その趣旨まで含めて個別に適法性の判断がされるようになることは、企業にとってリスクとなる。

　特に「精勤手当」については同一労働同一賃金ガイドラインでも代表例として触れられているものであるから、正社員に対して支給している精勤手当を理由なく継続雇用者に支給していないとすると、同一労働同一賃金上は違法な状態であると判断される可能性が高い。定年後に一部の諸手当を不支給とするのであれば、不支給とする理由を明確に説明できる状態にしておかなければ、仮に裁判で争われたときに不利になるということを十分に理解しておく必要がある。

　最後に、長澤運輸事件最高裁判決における、諸手当の不支給と同一労働同一賃金の適合性に関する判断理由を確認しておく。要旨は以下のとおりである。

①精勤手当の不支給について
　精勤手当は休日を除き毎日出勤することを奨励する趣旨であるところ、正社員と嘱託社員との間で、皆勤を奨励する必要性に相違はないというべきである。

②住宅手当および家族手当について
　住宅手当および家族手当は、いずれも労務に対する対価ではなく、福利厚生および生活保障の趣旨で支給されるものであるため、判断にあたっては労働者の生活事情が考慮されることになる。
　この点、正社員には幅広い世代が存在するため、住宅手当および家族手当による生活費の補助には理由があるが、嘱託社員は定年退職後に老齢厚生年金が支給されることも予定されており、実際の年金の支給までは調整給が支給されることも踏まえ、正社員との職務内容および変更範囲が同一であったとしても、労働契約法20条に反しない。

継続雇用制度の設計ポイント②
―「柔軟活用型」および「生涯現役型」に沿った制度設計

（1）継続雇用者の働き方の多様化とメリハリのある処遇制度

　前述した「限定活用型」と比較して、「柔軟活用型」あるいは「生涯現役型」は自社でのシニア活用を積極的に推進していくことを志向する類型である。

　特徴としては、シニアの担当職務や期待役割、あるいは働き方に応じて複数の処遇パターンが設けられている点が挙げられる。また、人事評価制度を積極的に活用し、シニアの意識改革、活性化につなげようとしている企業が多いことも特徴である。

　基本的には継続雇用制度の改善という位置づけで取り組まれることが多いが、将来的な定年延長を視野に入れている企業も少なくない。

① コース別継続雇用制度

　ここからは、柔軟活用型あるいは生涯現役型を志向する企業に適した、継続雇用制度の改革事例を解説する。

　まず、コース別継続雇用制度について。

　対象者一律の継続雇用制度ではなく、シニアの能力や意欲に応じて本人が選択できる「働き方のコース」をいくつか用意する仕組みである（図表3-4）。例えば、定年後も管理職や高度専門職としての活躍を期待するシニア（かつ能力や意欲のあるシニア）に対しては「シニア管理職コース（あるいはシニア専門職コース）」のような形で標準的なシニアよりも高い処遇に

することで、該当者のモチベーションにつなげることができる。

　もちろん、本人の選択を通じて仕事の意欲を引き出すことに主眼を置いているため、シニアは標準的なコースを選んでもよいし、状況が許せば、パートタイムでの勤務も可能にするなど、さまざまなコースの工夫が可能である。また、継続雇用期間中、条件を満たせばコース転換が可能な仕組みにすることも考えられる。

　シニア管理職コース（あるいはシニア専門職コース）の存在は、現在のシニアだけでなく、近い将来定年を控えたポストシニア層にとってもポジティブに映る場合がある。定年後の働き方と処遇がある程度明確になっていることは、自社で継続して働き続けるイメージを持つ上で役立つことは間違いないし、同コースを活用してシニアが生き生きと働いている姿をみれば、継続雇用後のモチベーションを高い状態で維持できる可能性が高まる。

　もっとも、コースの選択は完全に本人の自由にするのではなく、会社側の「許可・承認制」にしておくことが肝要である（評価の低い社員の処遇は抑えるようにしておく必要もあるため）。

《図表3-4　柔軟活用型または生涯現役型に適したコース別継続雇用制度（例)》

コース	業務内容	適用条件	人事制度
・管理職コース ・専門職コース	管理職または専門職として勤務（基本は定年前と同じ業務を継続）	・課長以上経験者 ・提示された業務に従事することを承諾すること	・定年時基本給×80％水準 ・諸手当は家族手当、通勤手当のみ ・賞与あり ・退職金あり
・標準コース	担当職の業務に従事（基本は定年前と同じ業務を継続）	・担当職で、提示された業務に従事することを承諾すること	・定年時基本給×70％水準 ・諸手当は家族手当、通勤手当のみ ・賞与あり ・退職金なし
・パートタイムコース	・定年前と異なる担当職の業務に従事 ・短日数・短時間勤務での雇用	・担当職で、提示された業務に従事することを承諾すること	・定年時基本給×60％水準 ・諸手当は通勤手当のみ ・賞与なし ・退職金なし

資料出所：新経営サービス人事戦略研究所作成資料

②　継続雇用者等級制度

　シニアが継続雇用後の処遇に不満を抱く理由の１つとして、仕事面で何を会社から期待されているのか明確でない、どのように貢献したらいいかわからない、ということがある。多くの企業でシニアの生の声を聴いてきた筆者の経験からすると、賃金ダウンについては一般的に各企業で行われていることから、大半のシニアは、完全に納得はしていないまでも、ある程度仕方ないと受け入れている。それよりも問題なのは、仕事にやりがいがないという声が多いことであり、モチベーションに大きく影響していると思われる。

　そこで、後述するシニアの人事評価制度とも関わるが、シニアの等級制度の導入がモチベーション対策の１つの方法になると考える。

　一般的に、定年前に適用されていた等級制度は継続雇用時には対象外となり、人事評価も行われない企業が多い。

　そこで、本人の意欲、能力と継続雇用後に果たしてもらう役割の大きさに応じてシニア等級を設定し、等級に応じた処遇を決定する方法がある（図表3-5）。

　ここでいうシニア等級の中身は、本人の能力をベースに決めるものではなく、継続雇用後の担当職務および役割の大きさに対して決定する、ということがポイントとなる。

　継続雇用後は、シニア等級に応じた人事評価が行われ、評価が良ければ給与アップにつながることもある。

　一方で、期待役割を果たせない場合には給与ダウンもある仕組みにしておくことで、仕事に対する良い意味での緊張感が生まれる、という効果もある。

《図表3-5　柔軟活用型または生涯現役型に適したシニア人事・給与処遇（例）》

S6等級	① 課長クラスの育成を行う ② 部長クラスの補佐を行う ③ 下位者に対し、実務およびマインド面を指導する ④ 自社を取り巻く経営環境・情報に気を配り、その内容を見据えた上で適切な指導を行う ⑤ 部門レベルの改善提案を行う
S5等級	① 非管理職層の育成をする ② 課長クラスの補佐を行う ③ 下位者に対し、実務およびマインド面を指導する ④ 自社を取り巻く経営環境・情報に気を配り、その内容を見据えた上で適切な指導を行う ⑤ 課レベルの改善提案を行う
S4等級	① 新しい案件や非定常の案件にも、専門分野を通じて、適切な判断を行い、対処する ② 適切に意思疎通を行い、部門に大きく貢献する ③ 高度で幅広い専門知識と、競争力あるスキルを発揮する ④ 他部署の関係者とも積極的にやり取りし、必要な情報を収集して業務を行う ⑤ 顧客のニーズ・満足を意識した提案を行い、標準以上の成果を上げる ⑥ 担当業務および課メンバーの業務改善により、業務の効率化に努める
S3等級	① 担当分野の業務をスケジュール通り1人で行う ② 適切に報告・連絡・相談を行うとともに、相手に対して自分の考えを上手に伝える ③ 担当する業務の中で発生するであろう問題について正しく予測する ④ 顧客のニーズ・満足を意識した提案を行う ⑤ 担当業務の業務改善により、業務の効率化に努める

資料出所：新経営サービス人事戦略研究所作成資料

（2）やる気を引き出す人事評価とチャレンジ賞与の仕組み

　人事評価は現役時と同じ基準と行うこともできるが、シニア用に独自の基準を設けて運用することでモチベーションアップにつなげることもできる。例えば、いわゆる目標管理制度の仕組みは継続雇用後のシニアに適する側面がある。シニア固有の期待役割に基づいた業務目標を設定することで、シニアが自身に求められる役割の認識を深めることにつながるし、成果を賞与等で還元することで仕事のやりがいを生むこともできると考えら

れるからである。

　シニア専用の人事評価設計例をみておきたい（図表3-6）。この例では、「技術伝承」と「組織改善」という２つのテーマをシニア固有の期待役割と位置づけ、チャレンジングな目標設定を通じて成果を出してもらうことを企図している。

　人事評価全体の30％のウエイトをチャレンジ目標に割き、その結果は毎年の定期昇給や半期ごとの賞与に反映するようにしている。

　チャレンジ目標には目標のレベル（価値）に応じて基礎額を変えるようにしており、また、達成度に応じて基礎額が 0 ～120％の範囲で変動するため、シニアにとっては緊張感のある仕組みになっている。

《図表3-6　柔軟活用型または生涯現役型に適したシニア評価制度（例）》

①評価基準

チャレンジ目標：自身の経験・知識・ノウハウを生かした創造的な目標を設定

目標発見の視点例	目標のイメージ
■現役時代、構想はあったが時間がなくて（または自身の役割の関係上）手をつけられなかったものはないか？ ■現役時代やり残した、または、道半ばだったものはないか？ ■現役時代はチーム方針と一致せず、または業界が違うなどの理由でトライできなかったものはないか？ ■現役時代は言えなかったが、あのチームでならこんなことができるのに、とか、あのチームはこんなこともやったらいいのに、と思っていたものはないか？	■新商品開発、新規ビジネスの立案 ■新しい関係先・人脈の構築 ■新しいサービスの開発 ■新しい業務管理プロセスの開発 ■新しいコミュニケーションの場の設定

レベル（価値）に応じて区分

レベル	価値（半期賞与として支給）
レベル 3	30万円
レベル 2	20万円
レベル 1	10万円

チャレンジ目標のレベル判定は、管掌役員によるレベル設定後、役員会での横串審査を経て確定（承認）

評価結果と処遇への反映イメージ

評価	評価の定義	掛け率	目標レベル3（30万円）の場合の評価別支給額
S	意図した結果（成果）以上のものが得られた	100％＋α（上限120％）	30万×（101％～120％）＝30万3,000円～36万円
A	意図した結果（成果）が得られた	100％	30万×100％＝30万円
B	7～8 割達成	70％	30万×70％＝21万円
C	50％くらい達成（大幅未達も貢献は認められる）	50％	30万×50％＝15万円
D	全くダメだった（全く活動していない）	0 ％	支給なし

②評価シート

評価実施日　令和　　年　　月　　日

対象期間　令和　　年　　月　　日 ～ 令和　　年　　月　　日

氏名		
所属	役職	

一次評価者	
二次評価者	

①個人テーマ評価

テーマ	目標項目（何を？）	達成基準（いつまでに、どのレベルまで）	ウエイト	評価ポイント	評価 本人 素点	評価 本人 ×ウエイト	評価 一次 素点	評価 一次 ×ウエイト	評価 二次 素点	評価 二次 ×ウエイト
技術伝承	機械加工指導	加工頻度の高い、特殊品A、Bの加工が十分なレベルにできるよう、Aさんに指導する	5％	0：期待を大きく下回る 30：期待をやや下回る 50：期待通り 70：期待をやや上回る 100：期待を大きく上回る		0.0		0.0		0.0
技術伝承	取引先の引継ぎ	4～6月の間に、上得意先4社について、Bさんへの担当引継ぎを全て完了させる	5％	0：期待を大きく下回る 30：期待をやや下回る 50：期待通り 70：期待をやや上回る 100：期待を大きく上回る		0.0		0.0		0.0
組織改善	不良率の改善	特に不良率の高い製品Aについて、原因になりやすい工程を発見し、改善策を立案する	10％	0：期待を大きく下回る 30：期待をやや下回る 50：期待通り 70：期待をやや上回る 100：期待を大きく上回る		0.0		0.0		0.0
組織改善	挨拶の推進	若手社員に対して毎日声掛けを行い、自発的な挨拶ができるようにする	10％	0：期待を大きく下回る 30：期待をやや下回る 50：期待通り 70：期待をやや上回る 100：期待を大きく上回る		0.0		0.0		0.0
	合計		30％			0.0		0.0		0.0

資料出所：新経営サービス人事戦略研究所作成資料

（3）　年金減額の対策にもなる、第二退職金制度

　継続雇用期間中の業務に対して退職金が支給される例は少ないものの、一部利用されるケースがあるため、制度設計の選択肢の1つとして紹介しておきたい。

　すでに何度か触れているが継続雇用期間中に昇給や賞与支給を行うと、公的給付（在職老齢年金や高年齢者雇用継続給付）が減額される場合があるため、その点でシニアから不満が出ることが少なくない。

　そのため、昇給や賞与という方法ではなく、継続雇用期間中の貢献に対する退職金を、定年時退職金とは別に設けることで、公的給付の減額を回避することのできる方法が知られており、一般に「第二退職金制度」など

と呼ばれている。

　同退職金制度の主な特徴・メリットは以下のとおりである。

・給与・賞与ではないため、公的給付（在職老齢年金・高年齢者雇用継
　続給付）の計算対象に含まれず、退職金を支給しても減額調整が行
　われることがない

・給与所得ではなく退職所得として扱われるため、課税上有利になる
　（ただし、条件があるため注意が必要）

・人事評価と退職金ポイントを連動させれば、シニアのやる気アップ
　につなげることができる

・継続雇用期間中の途中退職の場合には退職金が支給されないルール
　にしておけば、長期雇用に対する誘因になる

　逆にデメリットとしては、昇給や賞与のように短期的な収入にならない
ため、たちまちのモチベーションアップにつながりにくい側面もあること
である。このあたりは会社の状況によって合う／合わないがあるため、自
社に適した方法を選択していただきたい。

　第二退職金制度の例を図表3-7に示す。２例とも、継続雇用期間中の貢
献をポイント化して累積し、最終的な退職時に金額換算して退職金として
支給するというスタイルであり、第二退職金制度の事例では比較的よく用
いられる仕組みである。

《図表3-7　柔軟活用型または生涯現役型に適した第二退職金制度（例)》

【事例1】

（概要）
・ポイント積み上げ方式の退職金制度（毎年、契約更新時にポイントを算出し、退職時ま
　で積み上げる）
・計算式：ポイント（再雇用後の勤続年数分）× 1万円
（ポイント表）

評価ランク	S	A	B	C	D
取得ポイント（p）	20	15	10	5	0

（計算例）
評価ランクが1年目B、2年目A、3年目B、4年目S、5年目Bの場合：10p＋15p＋10p
＋20p＋10p＝65p
65p×1万円＝65万円
（退職所得として取り扱われる要件）
・60歳定年時の退職金とはまったく別の制度であること（一度清算されていること）
・上記の旨が退職金規程等に明記されていること

資料出所：新経営サービス人事戦略研究所作成資料

【事例2】

ポイント顕彰制により再雇用者へ第二退職金として支給　《平成20年　染色整理業》
「金一封」のような金銭的対策については、在職老齢年金の支給額が却って減額される可
能性があり、せっかくの好意があだになる可能性も「無きにしもあらず」です。そこでこ
の弊害を除くためのヒントが以下の折衷案です。金一封の代わりにポイントを付与し、最
終的に退職するときにポイントを金額換算して支給するという方法です。
　　→　業務・業績貢献顕著の程度をポイント化して最終退職時に累積ポイント相当の一
　　　　時金（第二退職金）を支給する。
　　→　ポイント付与時には公の場で責任者が表彰を行い、ポイント贈与状を手交する。
　　→　一時金の場合、在職老齢年金の支給額調整を要する場合がありうるが、ポイント
　　　　制の場合はその弊を回避できるというメリットがある。

資料出所：独立行政法人高齢・障害・求職者雇用支援機構ウェブサイト
http://www.jeed.or.jp/elderly/research/enterprise/hints1.html

定年延長制度の設計ポイント

　ここからは、65歳までの定年延長を実施するにあたっての人事制度設計上の重要論点について解説していく。

　定年延長についてはまだまだ事例が少ないため、各企業とも慎重であり、人事部門が積極的に取り組もうとしても、経営陣との間で定年延長の必要性の認識について温度差が生じて進展しにくいケースが多い。

　したがって、定年延長に向けたムードを社内で徐々に醸成し、計画的に取り組んでいく姿勢が肝要である、ということはすでに述べたとおりである。

　こうした下準備をベースとして、定年延長にあたり、「旧定年年齢を迎えた以後の人事制度をどのように設計するか」が非常に重要になる。

　例えば賃金が下がる従来型の継続雇用制度を維持したまま、単純に定年を延長するという方法もあるだろうが、シニアの納得を得るのは容易ではない。なぜそうするのか、ということが合理的に説明できるような状態にしておく必要がある。

　逆に定年延長によって総額人件費が上昇するのであれば、上昇分をどのようにカバーしていくのかについて経営陣に明確な説明を行わなければならない。

　さて、定年延長にあたって検討すべき人事制度上の論点は以下のとおりである。

・定年延長後の職務・役割
　定年延長によりシニアの職務をどうするか、どんな役割を期待するか

・定年延長のステップ
　いきなり65歳まで引き上げるか、段階的に年齢を引き上げるか

・定年延長後の働き方と評価
　定年延長後の配置・異動、労働時間等をどのように設定するか、人事評価をどうするか

・定年延長後の賃金（給与・賞与）
　定年延長後の賃金をどうするのか（引き上げるor引き下げる）、60歳以前の賃金も変えるのか（全社的な賃金制度改革）

・定年延長後の退職金
　既存の退職金制度がある場合、定年延長後まで適用を広げるのか、別制度とするのか、企業年金制度との調整をどうするのか

　この中で最も重要なポイントは、定年延長にあたってシニアの「職務・役割」をどのように設定するかであり、賃金制度を含む人事制度全体の内容に関わってくる論点である。

（1）定年延長とシニアの職務・役割—「人事制度接続型」と「人事制度非接続型」

　シニア活用を推進する上で、シニアの職務・役割をどのように設定するかにより、処遇の在り方もおのずと変わってくる。

　定年延長を志向する企業では、シニアの職務・役割を拡大していく方針であるところが多いと思われるが、その際の方向性としては、①メインプ

レーヤーとして、定年前と同等かそれ以上の貢献を求めていくパターン、②サポーターとして、定年前とは異なる貢献（シニアとしての独自の貢献、例えば技能伝承など）を中心に求めていくパターン、の２つに分かれる。

　この２つの方向性を、それぞれ、①人事制度接続型（旧定年前後で職務内容、期待役割と賃金を基本的に変更しない）、②人事制度非接続型（旧定年前後で職務内容、期待役割と賃金を変更する）と呼ぶこととし、以後の解説の中でも必要に応じて触れることとしたい。

(2)　定年延長とシニアの賃金制度①─賃金水準

　定年延長に伴うシニアの賃金制度の在り方を素直に考えれば、旧定年前後で賃金を下げないという方法であろう（前述の「人事制度接続型」の考え方）。従来型の継続雇用制度（定年後に賃金が大幅に下がる）からの制度改革であれば、「賃金が下がらない」状態になることのインパクトは非常に大きく、シニアのモチベーション維持に果たす効果は大きいといえる。ただし、この方法では通常、総額人件費の上昇を伴うため、経営上のリスクが無視できない。

　この点、実際に定年延長を行った企業における賃金水準の設定方法は、一般的に想像されるよりも多様である。

　独立行政法人高齢・障害・求職者雇用支援機構によれば、実際に定年延長を行った企業を対象としたアンケートの中で、60歳以上の賃金が「59歳時点の水準と変わらない」と答えた企業の割合は61.5%と過半数を超えている（図表3-8）。

　ただ、逆にとらえると、38.5%の企業は、60歳以上の賃金を59歳時点から変更しているのであり、これは割合として多いといえるのではないだろうか。

　企業規模が大きくなるほど上記の傾向は顕著になり、301人以上の企業では実に半数（50%）が59歳時点と異なる賃金水準になっている。

《図表3-8 定年延長企業における60歳以上社員の賃金（例）》

①60歳以上社員の賃金（全体）

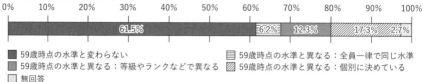

- ■ 59歳時点の水準と変わらない
- ▨ 59歳時点の水準と異なる：等級やランクなどで異なる
- □ 無回答
- ▤ 59歳時点の水準と異なる：全員一律で同じ水準
- ▨ 59歳時点の水準と異なる：個別に決めている

②60歳以上社員の賃金（社員規模別）

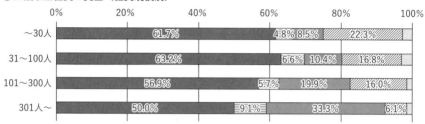

- ■ 59歳時点の水準と変わらない
- ▨ 59歳時点の水準と異なる：等級やランクなどで異なる
- □ 無回答
- ▤ 59歳時点の水準と異なる：全員一律で同じ水準
- ▨ 59歳時点の水準と異なる：個別に決めている

③65歳時点の賃金水準（59歳時点との比較）

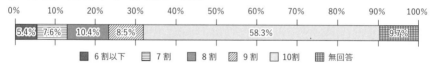

- ■ 6割以下　▤ 7割　▨ 8割　▨ 9割　□ 10割　▦ 無回答

資料出所：独立行政法人高齢・障害・求職者雇用支援機構「〈改訂版〉定年延長、本当のところ」（2019年）

　では、実際にどの程度変わっているのだろうか。同調査の「65歳時点の賃金水準（59歳時点との比較）」のアンケート結果をみると、「9割＝8.5％、8割＝10.4％、7割＝7.6％、6割以下＝5.4％」と、かなり低い水準まで下がっている例も少なくない。

　以上からあらためて、「定年延長＝賃金を下げない」ということではない、ということが理解できる。もちろん、賃金を下げない状態がシニアにとって好ましいことはいうまでもない。ただ、前述のようにシニアの職務・役割をどのように設定するかは各企業の方針によって異なるところであるし、総額人件費の上昇をできる限り抑える必要があることも、多くの

企業にとって共通の課題であることは間違いない。このため、「定年延長をするが（旧定年年齢以後）賃金は下げたままとする」という選択肢が十分にありうることについては参考にしていただきたい。

ただし、現行制度（定年後に賃金が下がる継続雇用制度）におけるシニアの賃金水準が他社と比べて低いことに対して強い問題認識がある場合には、現役時の100％ではないにしても、定年延長に伴ってある程度の賃金水準の引上げを行わないと、「定年延長したのに賃金減額は据え置きである」ということに対してシニアの納得感が得られにくいであろうことには留意する必要がある。

（3）　定年延長とシニアの賃金制度②──公務員の定年延長方針からの示唆

定年延長に伴う賃金制度改革について、今後どのようなトレンドが形成されていくか。ここでは少し切り口を変えて、公務員の定年延長方針から示唆を得ることとしたい。

人事院が2018年8月に公表した資料「定年を段階的に65歳に引き上げるための国家公務員法等の改正についての意見の申出のポイント」によると、公務員の定年延長は段階的に65歳まで延長されることとなっている。また、60歳以後の賃金については、「民間の実情等を踏まえ、当分の間、60歳超の職員の年間給与を60歳前の7割水準に設定」するとしている。

60歳以後に同一職務を担う場合でも、賃金を下げる方針としている点が特徴的であり、また、60歳到達時に、管理職については役職定年となり、非管理職層（専門スタッフ職または課長補佐職ポスト）への任用替えを行うことが想定されている。

なお、賃金水準の変更については「当分の間」となっている点もポイントであり、「民間の動向等を踏まえつつ、60歳前も含む給与カーブの在り方を引き続き検討」することとしている。

60歳以後の賃金を下げたままで定年延長を行うという当面の方針は、従来型の継続雇用制度を採用している民間企業の多くにとって、比較的受け

入れやすいものといえる。目安とする賃金ダウンの割合も含め、同一労働のまま定年後も勤務する現在の継続雇用制度の延長線上の仕組みとしてとらえやすいからである。今後、公務員の定年延長が民間企業に先行する場合は、民間企業の取組みに影響を与えることも予想される。

（4） 定年延長後の退職金制度の設計方針

定年延長を検討する場合、退職金制度の改革は非常に難しい課題の１つである。というのも、定年延長に伴って退職金の支給年齢を引き上げる場合、制度内容いかんによっては、退職金水準が想定以上に引き上がってしまう可能性があるからである。

例えば自社の退職金制度が、民間企業に典型的な「退職時基本給×勤続年数別支給率」という計算式であると仮定する。その時、定年延長に伴って退職金の支給年齢を60歳から65歳に変更する場合、単純計算で最大５年間分、退職金支給率の上乗せ期間ができることとなる。

一般的には勤続年数が長いほど退職金支給率に傾斜がかかるため退職金支給年齢の引上げにより数百万円単位で退職金水準が増加することも十分に考えられる。企業の負担は非常に大きく、簡単に行うことは難しい。

こうした課題に対して、企業としての基本的な対応パターンは以下のように分けられる。定年延長に伴う給与決定方針との整合性も考慮しつつ、自社に合った方法を選択できるようにしたい。

①退職金支給年齢を60歳から65歳に変更し、60歳以後、退職金支給率も引き上がるように設計する方法
　前述のとおりで、退職金規程の内容によっては会社の退職金負担が大幅に上昇することとなり、現実的には困難な選択肢となる（ただし元々の退職金水準が低く、引上げに対して余力がある場合は別）。

②退職金支給年齢は65歳とするが、トータルの退職金水準は60歳定年
　時と同水準となるように退職金カーブを再設計する方法
　　①と比べて企業負担を小さくすることができるが、シニアの納得感
　という点でみれば（新制度は60歳時点の水準でみれば旧制度よりも水
　準が下がる）、取組みのハードルは低くない。

③退職金支給年齢を65歳とするが、60歳以後の積み増しはせず、65歳
　時に支給する方法
　　現実的にはこの方法を選択する企業が多いと思われるものの、シニ
　アにとっては特にメリットがないため（むしろ早く退職金を受け取り
　たい者にとってはデメリットでもある）、説明の仕方には注意が必要
　である。

④60歳から65歳までの間に退職金支給の繰り下げを可能にする方法
　　65歳定年時の退職金水準を60歳定年時と同じにする点では③と同様
　だが、退職金制度としての加入期間は60歳でストップした上で、支
　給に関して65歳まで繰り下げることが可能なオプションをつける点
　が特徴である。

　仮に、退職金制度の加入期間が60歳までであり、企業年金制度（DB（確
定給付企業年金）を前提として考える）を併用しているケースで考えると、
定年を65歳に延長した場合であっても、60歳から65歳までの間に本人の申
出による、退職金支給開始年齢の繰り下げが可能である。この方法によれ
ば、定年延長後、65歳までの在職中に年金あるいは一時金として退職金の
給付を受けることができるなど、退職金支給に関して複数の選択肢が持て
るという点ではシニアにメリットがある。
　しかし、（上記①〜③では問題にならないが）④の手法の中で、特に60歳
から65歳までの在職中に「一時金」として退職金の支給を受ける場合には、
注意が必要である。具体的には、新定年年齢より前の時点で受け取る退職

金が税制上「退職所得」として認められるかどうかについて、いくつか議論の余地があるからである。すなわち、定年を延長しているのにも関わらず、延長後の在職期間中に受け取る退職金を退職所得の対象と認定できるか、ということについて、企業としては、国税局や管轄の税務署に確認をとりながら慎重に検討を進めることが必要である。

　例えば、企業で定年延長が行われるときの、延長前の定年（旧定年）時に支払われる退職金の課税関係について、国税庁の所得税基本通達30-2 (5)[20]には次のようにある。

> 労働協約等を改正していわゆる定年を延長した場合において、その延長前の定年（以下この（5）において「旧定年」という。）に達した使用人に対し旧定年に達する前の勤続期間に係る退職手当等として支払われる給与で、その支払をすることにつき相当の理由があると認められるもの（は退職所得として課税上扱われる）
>
> 筆者注：下線部は筆者による補記

　国税庁の通達をどのように理解するかについて、新定年年齢より前に支払われる退職金が退職所得として認定される「時期」がポイントとなる。

　定年延長が行われた時期（就業規則、労働協約の改正時）に限っての限定的・臨時的な措置としてとらえるならば、定年延長前から在籍していた社員だけが対象（旧定年年齢での退職金が退職所得として扱われる）となり、定年延長以後に入社した社員は対象にならないと考えることもできるが、この点は厳密に言及されておらず不透明な部分が残る。

　この点、同様の事案における熊本国税局による文書回答事例が参考になる。

　社員の定年年齢を60歳から64歳に延長する人事制度改革を行った企業から、「定年延長後も退職金は旧定年年齢（60歳）で支給することを予定しているが、退職所得として認められるか」という内容の照会が、熊本国税局に行われた。

※20：国税庁所得税基本通達　法第30条《退職所得》関係　（引き続き勤務する者に支払われる給与で退職手当等とするもの）30-2（5）

これに対する熊本国税局の回答※21は、以下のとおりである（要旨）。

・定年延長後に入社する従業員については雇用の開始時点で定年を64歳として採用されるため、「定年を延長した場合」には該当しない。したがって所得税基本通達30-2（5）は適用されず、退職所得として取り扱われるとは限らない。
・定年延長前から在籍している従業員については、照会にかかる事実関係を前提とする限り、退職所得として取り扱って差し支えない。

　上記の回答内容に関して、「定年延長以後」に入社した社員と、それ以前から在籍していた社員とで課税上の扱いを分ける、という論点が提示されている点が重要である。

　この見解に従えば、定年延長後に入社した社員には適用できないものの、少なくとも定年延長前に在籍していた社員に対しては、定年延長後も、60歳時点での退職金支給を行う退職金制度を適法に（退職所得として）運用することができる、というように理解できるものと思われる。

　ただ、定年延長以後に入社した社員に関しても、「退職所得として取り使われるとは"限らない"」という表現になっているため、曖昧な部分が残る。加えて、「なお、この回答内容は、熊本国税局としての見解であり、事前照会者の申告内容等を拘束するものではないことを申し添えます。」と記載があり、事案によって国税局の対応が異なる可能性も示唆されているため、なおさら、企業サイドとしては不透明な部分が残ってしまう。本事例の照会元企業と同様の退職金制度の改定を行うにあたっては、国税局や管轄の税務署に確認をとりながら慎重に検討を進めることが必要である。

（5）　定年延長後の企業年金制度の設計方針

　前項の定年延長後の退職金制度の設計方針の議論とも関連して、企業年金制度まで含めた形での設計方針について、人件費の増加を抑制する観点から、簡単に解説を加えておきたい。

※21：国税庁熊本国税局文書回答事例「定年を延長した場合に従業員に対してその延長前の定年に達したときに支払う退職一時金の所得区分について」（平成31年1月10日）

① DB（確定給付年金）の支給開始年齢を引き上げつつ、新定年時の給付水準を旧定年時と同水準とする方法（前項（4）②③（85頁）関連）

　DBの資格喪失年齢・年金支給開始年齢を60歳から65歳に引き上げつつ、給付水準を65歳時点で現行制度と同様になるように再設計することで、人件費の増加を抑制する方法が考えられる。

　1つめの方法は、現行制度と比べて60歳時点（旧定年時）では給付水準が減額になるが、65歳時点（新定年時）では現行制度と同水準になるように設計する方法である。この方法は、既存の仕組みを旧定年年齢以降も継続させるという発想において、前述（80頁）の「人事制度接続型」に馴染みやすい類型といえる。

　2つめの方法は、同じくDBの資格喪失年齢・年金支給開始年齢を60歳から65歳に引き上げつつ、給付水準は現行制度のままとして60歳以降据え置く方法である。

　この方法は、旧定年前後の仕組みを別建てにして設計するという発想において、前述（80頁）の「人事制度非接続型」に馴染みやすい類型といえる。

　なお、いずれの方法による場合も、DBの給付減額に該当する可能性があるため、法的な手続きも含めて、実際の設計においては慎重を期する必要がある。

② 選択制DC（確定拠出年金）を活用する方法

　DBとは別の観点で、会社としての人件費負担及び税負担を軽減しながら、シニアにとってもメリットのある仕組みとして、いわゆる選択制DC（確定拠出年金）の制度を導入することが考えられる。

　選択制DCの制度は、60歳到達までの賃金の一部をライフプラン支援金として再設定し、毎月の給与の中で受け取るか（ライフプラン手当）、60歳以降に受け取るライフプラン年金として設定するか（事業主がDC掛金として拠出）を制度の適用対象である社員自らが選択することのできる制度で

ある。

　特にライフプラン年金として設定する方法は、給与所得から退職所得に切り替わることによる税負担の軽減や、給与の一部を掛金として拠出することによる社会保険料負担の軽減といった税制上のメリットに加え、定年延長に伴って60歳以降の給与減が発生する場合や、退職金の支給開始年齢が65歳に延長される場合における賃金補填になり、シニアのモチベーションアップに寄与することが期待できる。

(6)　定年延長制度の設計ポイント整理──「人事制度接続型」と「人事制度非接続型」との比較

　これまで紹介してきた、定年延長制度の設計ポイントについて、「人事制度接続型」と「人事制度非接続型」との比較における整理は以下のとおりである（図表3-9）。どちらか一方が良い／悪いというものではなく、企業ごとのシニア活用の状況によって適する類型が変わるため、くれぐれも検討の際にはそのことに留意されたい。

《図表3-9　定年延長制度の設計ポイント（例）》

テーマ	人事制度接続型	人事制度非接続型
①　定年延長後の職務・役割	定年前と同様の職務・役割	定年前と異なる職務・役割（管理者のサポートや技能伝承等、シニアの経験を活かせる固有の内容が望ましい）
②　定年延長後の働き方と評価	基本的には定年前と同様とするが、多様な働き方のパターンを用意し、それぞれに適した評価を行うことができれば望ましい	新たに担当する職務や役割に応じた多様な働き方のパターンを用意し、それぞれに適した評価を行う
③　定年延長のステップ	一気に引き上げることが望ましい（シニアの納得性の観点から、また同一労働同一賃金の観点から）	新たに担当する職務や役割の内容に応じて検討することが望ましい（段階的に定年年齢を引き上げる方法も十分に考えられる）

④ 定年延長後の賃金 （給与・賞与）	基本的には定年前と同様とするが、多様な働き方のパターンに適した賃金体系を策定することができれば望ましい	新たに担当する職務や役割に応じた多様な働き方のパターンに適した賃金体系とする
⑤ 新定年時の退職金	①現行定年時より給付水準を引き上げる →定年前と同様の制度を新定年時まで適用して退職金を加算する ②現行定年時と同じ給付水準とする →新定年時は現行制度と同じ水準になるが、現定年時点では減額）	①現行定年時と同じ給付水準とする →現行定年時以降の退職金加算を行わずに据え置く ②現行定年時と同程度の給付水準としつつ、新定年時までの繰り下げ受給が可能な仕組みとする

資料出所：新経営サービス人事戦略研究所作成資料

第 4 章

60歳定年
―継続雇用制度
の改革事例

本書における企業事例の位置づけ

　第4章、第5章では筆者が実際に支援を行った中堅・中小規模のクライアント企業の人事制度改革事例[22]と、すでに多くの資料で紹介されている、大企業の先進的な取組み事例を織り交ぜて紹介していく。

　筆者のクライアント企業の事例においては、60歳定年を維持しつつ、将来の定年延長を見据えて継続雇用制度の見直しを行った事例を多く用意した。各々の事例においては、現状分析から方針策定に至るまでの考え方の部分と、シンプルではあるが企業の実態に沿った制度設計の方法について参考にしていただきたい。

　一方で、大企業の先進事例においては、65歳までの定年延長を行った事例を多く用意した。各々の事例においては、中長期的な経営方針に基づく、定年延長に向けた段階的な取組みプロセスと、定年延長にあたって整備された人事制度のバリエーションについて参考にしていただきたい。

　ただし、各事例における制度設計の内容を自社に取り入れようとする際には、くれぐれも注意していただきたい。というのは、紹介企業の人事制度は各社の組織実態に応じた綿密な現状分析と、中長期の経営方針に基づいて設計されたものであり、他の企業がそのまま取り入れても期待通りに運用できない可能性が高いからである。

　本書の目的は、あくまで各社の実態に沿った現状分析と方針策定に基づいた人事制度改革がなされるための方法論を紹介することである。自社の方向性を検討する過程でさまざまな企業事例を研究することは重要なプロセスであるため、そのような観点で参考にしていただきたい。

[22]：実在のクライアント企業の事例を一部加工したモデル事例となっており、必ずしも当該企業の最新状況を表したものではない。

事例1　A社

（1）企業概要と人事制度改革のポイント

〈企業概要〉
(1) 設立：1970年
(2) 資本金：9,000万円
(3) 事業内容：専門商社（医療機器・資材の輸入および国内販売）
(4) 本社：関東圏の主要都市
(5) 従業員数：正社員280人、うち60歳以上のシニアは1割
(6) 定年年齢は60歳で、定年後は高年法に基づく継続雇用制度を採用
(7) 人事制度の改革時期：2018年

〈人事制度改革のポイント〉
① 人事制度改革に先だって、シニアおよび管轄部署の管理職者への
　アンケート・面談を十分に行うことで、現行制度および組織全体
　の課題を幅広く抽出したこと
② その結果、将来の定年延長を見据えながらも、まずは継続雇用制
　度の改革からはじめることが適切であるという方針を導いたこと
③ シニアの望む多様な働き方を実現する仕組みを設けたこと
④ シニアのやる気を引き出す評価制度の工夫を行ったこと
⑤ 「同一労働同一賃金」への対応が必要となり、人事制度改革の中
　で対応を計画的に行ったこと

（2） シニア活用の課題と現状分析・方針策定

① A社の組織構成とシニアの課題

　同社ではここ数年シニアが急増しており、人事制度に対する不満がよく聞かれるようになっていた。継続雇用時に現役時と比べて給与が大きく下がることから、明らかにシニアのモチベーションが低下しており、生産性も良い状態とはいえなかった。一方で、元上司であるシニアを管理しなければならない管理職者からは、仕事のやり辛さが聞かれていた。

　同社は、このままの状況では職場全体に悪影響を及ぼしかねないとの判断から、シニアの人事制度改革に着手することとした。

　人事制度の見直しにあたっては、「同一労働同一賃金」への対応が急務であったことに加え、「定年延長の是非を検討すべき」とする経営陣の意見があったため、広範囲に検討を進めることとなった。

　同社ではそれまで、シニアを対象とした体系的な人事制度はなかった。対象者が少なかったことが主な理由だが、個別に定年後の給与を決める方が会社にとって都合がよかった、ということもある。

　シニアの給与決定に関する基本方針としては、対象者ごとに異なるが、年収ベースで3割から最大5割程度までダウンさせ、その内訳については、基本給および賞与のベースが定率でダウンし、諸手当については現役時代に支給されていたものが一部不支給になる、といった形であった。

　継続雇用後の業務内容については、基本的には現役時代と同様の専門業務を担当者として担うが、仕事量自体は減らし、また責任の重い業務は任せない方針で組織運営を行っていた。

　こうした状況に対し、シニアからは「定年前とほぼ同じ仕事なのに給与が減りすぎ」「仕事のやりがいがない」といった不満の声が聞かれていた。

　もちろん、同社のシニア活用方針には明確な理由があり、それは同社の社員年齢構成に起因している。

　同社の年齢構成は「中抜け型」の組織（39頁で解説）であり、人員のボリュームゾーンは30代前半と50代前半に集中していた。組織の若返りを図りたい同社では、主力である50代以降のベテランプレーヤーや管理職層が定年になる時期を見計らって、若手管理職起用や重要なプロジェクトでのリーダー任命を積極的に行った。

　その過程で、シニアが前面に出てしまうと組織運営上好ましくないため、意図的に「ラインの仕事」から遠ざける運用を行う必要があったのである。

② 現状分析

　A社はまず、シニアと上司である管理職者に対して意見聴取を実施した。

　具体的には、①匿名アンケート（シニア対象）、②直接面談（シニアおよび上司である管理職者）、の２段階で実施された。

　匿名アンケートについては、「現在の働き方や処遇、職場環境等に関する満足度」を中心に、将来的な働き方に対する希望、給与処遇や職場環境に関する要望など、幅広い内容を含むものとした。

　その結果をシニア自身および所属部署の上司である管理職者に公開し、面談を通じて個々に意見聴取を行った。管理職まで調査範囲を拡大した背景には、シニア活用の課題に対して管理職者に主体性を持って取り組んでもらうように仕向ける意図があった。

　アンケートおよび面談の結果、シニアからは継続雇用後の働き方に対して、「より精力的に働きたい」「責任のある仕事を通じて仕事のやりがいを感じたい」という意見が多数を占めることがわかった。

　一方で、「現役時代より業務負荷を抑えて働きたい」という要望も少なからず存在するなど、同社が思っている以上にシニアは多様な働き方を希望していることが明らかになった（図表4-1）。

　一方で管理職者からは、人事制度としてはシニアの意向だけに沿ったものにするのではなく、会社側である程度コントロールできるようにしておく必要もある（シニア全員に責任のある仕事を任せられるわけではないため）、という意見が聞かれた。

《図表4-1　シニア活用におけるシニア・管理職者各々の意見》

カテゴリ	シニア側の意見 （多数派）	管理職者側の意見 （多数派）
継続雇用後の働き方 についての 希望	・本人と会社の意向をすり合わせた上で決定できる、多様な働き方が可能な継続雇用制度を希望 ①自分の担当業務で、引き続きやりがいのある仕事を継続して行えるコース ②業務負荷を抑えて働ける（短日数勤務含む）コース	
シニアの役割 についての 認識	・確実な業務引き継ぎ ・知識、技術の伝承 ・知識・経験を生かした会社への貢献	・間接的なアドバイザーではなく、より積極的な指導者としての役割を望む ・知識・経験を生かした会社への貢献 →社内プロジェクトへの参画、部署横断的な業務サポート、採用活動への関与、知識・経験・ノウハウの全社的な発信など、幅広い活躍を期待
シニアの処遇 （評価・賃金） についての 希望	・働き方と貢献度に応じたメリハリの利いた処遇 ・人事評価を再開し、処遇に反映させてほしい	・働き方と貢献度によって、処遇の方法を変える（シニアの中で差をつけてもよい） ・人事評価を処遇に活用したいが、現役時代より簡素化する

資料出所：新経営サービス人事戦略研究所作成

③　「同一労働同一賃金」における法対応リスク

　同社の実態として、継続雇用時に賃金ダウンが行われていたが、業務内容は定年前と同一であると言わざるを得ない状態であった。また、シニアの雇用区分は非正規社員であったため、同一労働同一賃金の法適合性についての検証が行われた。

　まず、同社の継続雇用後の給与水準は標準で3割、最大で5割程度ダウンする仕組みであったが、前述（68頁）の長澤運輸事件最高裁判決に照らすと、同社の給与ダウン幅は高すぎるのではないか、との経営陣の意見があり、新制度ではダウン幅の上限について見直しを行うこととなった。

　また、シニアについては「住宅手当」「皆勤手当」が不支給になっていたため、同じく長澤運輸事件最高裁判決や、同一労働同一賃金ガイドラインに照らして、支給の必要性についての検討が必要となった。

④　基本方針の策定

　アンケートおよび面談の結果を踏まえ、シニアのさらなる活用・活性化を促すためには定年延長まで行うべきではないかという経営陣の意見もあった。

　しかしながら、経営トップは若手に思い切って権限移譲を進めていくことの必要性を重視し、定年延長によるシニアの職務・役割の拡大は適切ではないと判断した。あくまでシニアの期待役割としては、若い管理職者のサポートを中心に、プレイヤーとしても従来とは異なる種類の貢献を期待していきたいと考えたのである。

　一方で、現行の継続雇用制度には複数の課題があるとの認識から、シニアの給与水準を見直す中でモチベーションアップ、生産性向上につながる仕組みの構築および同一労働同一賃金への対応に取り組む方針が決定された。

(3)　人事制度改革の詳細内容と導入効果

①　シニアの働き方の希望に応じた4つのコースを設定

　新人事制度の一番の特徴は、シニアの働き方の希望に応じた4つのコースを設定したことにある。ただ、すべて希望通りになるわけではない。原則として他の希望がなければ一般コースとなり、希望がある場合のみ他のコースを継続雇用時に会社に申請し、許可があれば当該コースが適用される。

　それぞれのコースの概要は以下のとおりである（詳細は図表4-2）。

一般コース

- ・大多数の再雇用者がこのコースに属する
- ・フルタイム勤務であり、主要業務は定年前の業務を継続するが、それに限らない（他部署への異動もあり得る）
- ・半期ごとに人事評価があり、評価結果はベース賞与に反映される

目標設定コース

- ・一般コース選択者のうち、希望者がオリジナル目標を上乗せして取り組むコース
- ・その他の基本条件は、一般コースと同じ
- ・オリジナル目標の評価結果は成果に応じて賞与時に加算反映される

パートタイムコース

- ・週5日未満または1日6時間未満の勤務コース
- ・業務内容は、継続雇用契約時に個別に取り決める
- ・人事評価は実施しない（賞与への反映もなし）

特任コース

- ・会社または担当役員から要請されて特定プロジェクトに取り組む、あるいは管理職の任務を担うコース
- ・給与は年俸制とし、半期ごとに人事評価があり、年俸へ反映される
- ・特任コースは会社からの任命制であり、通常社員からの申請はできない

《図表4-2　4 つのコースの詳細》

コース	一般コース	目標設定コース	パートタイムコース	特任コース
勤務	フル日数（週5日）フルタイム（7.5時間）	フル日数（週5日）フルタイム（7.5時間）	以下のいずれかを下回る 週5日／1日6時間	フル日数（週5日）フルタイム（7.5時間）
業務	通常は定年前の業務を継続	一般コースにオリジナル目標上乗せ	再雇用契約時に取り決める	特任で特定プロジェクトまたは管理職の任務を担う
給与	固定給	固定給	固定給	年俸制
諸手当	住宅手当 皆勤手当	住宅手当 皆勤手当	住宅手当 皆勤手当（ただし勤務条件により減額）	住宅手当 皆勤手当
賞与	ベース賞与	ベース賞与 チャレンジ賞与	ベース賞与	年俸に含む
評価 有無	あり	あり	なし	あり
評価 反映	ベース賞与に加減算	ベース賞与に加減算 チャレンジ賞与として加算	なし	年俸に加減算

資料出所：新経営サービス人事戦略研究所作成

② コースの決定と変更のルール

　各コースの決定までの手続きルールは以下のとおりである。なお、コースは継続雇用後から65歳までの間、毎年1回変更を申請できる。

1．定年の1年前に、再雇用に対する意思確認書のほか、人事・給与制度のガイドブックを渡す。このガイドブックがコース別の雇用条件（勤務形態、給与、賞与、職務内容等）の説明も兼ねる。
2．定年の半年前までに意思確認を行い、再雇用希望者には希望コースを明示してもらう。

3．上記情報を入手次第、総務人事部は、コース選択の要件に誤りがない
　　かチェックを行い、担当役員へ提出する。

4．定年の5カ月前までに担当役員は、対象者の主要業務について所属部
　　署の管理職者を交えて協議・決定する。また、目標設定コース希望者
　　についてはオリジナル目標のレベルの妥当性・必要性について管理職
　　者を交えて協議・決定したものを総務人事部に報告する。

5．特任コースを要請する場合も、定年の5カ月前までに担当役員は総務
　　人事部に報告する。

6．定年の4カ月前の役員会で、上記判定の妥当性を審査し、結果は総務
　　人事部に報告される。差戻しの場合は担当役員と関係者にて再協議し、
　　変更案を再提出する。

7．上記6で未承認だったものを含め、定年の2カ月前の役員会でコース
　　が確定（または却下）され、再雇用契約を締結する。

8．以後、コース変更を希望する者は、毎期の期初に会社に申し出て承認
　　されることを条件とする。

③ 給与制度の見直しと同一労働同一賃金への対応

　給与制度については、基本給＋諸手当＋ベース賞与（評価反映）、の形
を一般コースの基本としている（図表4-3）。

　基本給は職種ごとに定額を設定し、定期昇給は廃止した。諸手当につい
ては、基本的に現役時からの手当を継続することとした（ただし、再雇用
時に役職を外れる場合は役職手当が不支給となる）。また、ベース賞与は同じ
く職種ごとに定額を設定し、半期ごとの人事評価結果によるアップダウン
がある形とした。

　一般コース以外では部分的に内容が変更されている。目標設定コースで
は、オリジナル目標を設定する場合、ベース賞与とは別にチャレンジ賞与
が加算され、こちらも人事評価の結果によるアップダウンがある。

　パートタイムコースでは、短縮される勤務日数または勤務時間に応じて
基本給およびベース賞与が日数または時間按分によって減額される。

　特任コースについては年俸制を採用しており、基本給およびベース賞与は年俸として決定される。住宅手当および皆勤手当は別建てとなるが、管理職を継続する場合は役職手当分を年俸に含むこととした。

　この給与制度の設計に関しては、同一労働同一賃金との観点から、定年前給与からの年収ベースでの減額幅と、諸手当の継続性について留意した。

　まず、年収ベースの減額幅に関しては、従来の継続雇用制度では最大 5 割程度ダウンするケースもあるなど、継続雇用後の給与水準が全体的に低すぎるのではないかという認識があったため、ベースとなる継続雇用後の基本給および賞与の水準を引き上げることとした。これにより、モデル給与上の試算ではあるが、減額幅は大きくても 3 割程度までに抑えられるようになった。

　次に、諸手当については同一労働同一賃金の観点から、これまでシニアには不支給となっていた住宅手当および皆勤手当を支給対象とした。なお、パートタイムコースについては就業条件次第では両方の手当が減額される。

《図表4-3　コース別の給与制度の概要》

〈年収〉
①一般コースの例（フル日数でフルタイム）

職　種	基本給	ベース賞与	基本年収*1
営業職・企画職	27万円／月	30万円／回	384万円

②パートタイムコースの例（週4日でフルタイム。計算は、基本給・賞与とも、週5日を基準として按分）

職　種	基本給	ベース賞与	基本年収*1
営業職・企画職	27万×4/5 ＝21.6万円	30万×4/5 ＝24万円	307.2万円

＊1：諸手当除く。諸手当は原則、現役時のものを継続

〈賞与〉
①一般コースの例（フル日数でフルタイム。評価反映ありで、S評価の場合、1回につき＋10万円）

職　種	ベース賞与*2	ベース賞与への加減算 （1回につき）	この回の 賞与合計
営業職・ 企画職	30万円／回	＋10万円	40万円／回

②パートタイムコースの例（週4日で1日6時間。評価反映なし）

職　種	ベース賞与*2	ベース賞与への加減算 （1回につき）	この回の 賞与合計
営業職・ 企画職	17.3万円／回	なし	17.3万円／回

＊2：ベース賞与は年2回を想定

資料出所：新経営サービス人事戦略研究所作成

④ 人事評価を通じて、仕事への取組みに対して緊張感を持たせる

　同社ではこれまでシニアに対して人事評価をまったく行ってこなかったが、そのことがシニアの勤務ぶりにマイナスに作用していたとの反省があった。具体的には、管理職者とシニアとの間で評価面談が実施されないため、シニアに期待する役割や成果が十分に共有されず、半ば本人任せで放置気味になっていたということが挙げられる。また、仕事の成果が処遇に反映されることもなく、シニアのやる気につながらないばかりか、生産性の低下すら招いていた。

　上記のような状況から、継続雇用後の業務について人事評価を行い、半期の賞与に反映させる仕組みを導入した。

　もっとも、賞与への反映は主たる目的ではなく、管理職者が人事評価を通じて、シニアに対して期待する仕事上の役割や成果を明示し、十分なコミュニケーションを図ることで、シニアの意欲を引き出すことに重きを置いて制度運用を行うこととした。

　そのため、現役時代と比べると人事評価の手順はできるだけ簡素化し、管理職者・シニアとも運用しやすいよう工夫を行った（図表4-4）。

《図表4-4　シニア評価制度の概要》

1．主要業務の合意

継続雇用契約時に担当業務について話し合い、合意内容を「職務内容に関する事項」に明記し、再雇用契約書の一部とする。

シニア人事評価シートへの記載事項	
主要業務	「職務内容に関する事項」および期待成果、目標等
引継ぎに関する事項	引継ぎ計画がある場合は予定内容を記入

2．主要業務の評価について

評価	評価基準
S	期待を大きく上回る
A	期待を上回り、賞与増額が妥当
B	標準
C	期待を下回るが、賞与減額するほどではない
D	期待を大きく下回る

3．評価の処遇への反映

評価	ベース賞与への加減算
S	＋10万円
A	＋5万円
B	加減算なし 所定のベース賞与が支給される
C	
D	－10万円

◆主要業務における成果を評価する際のポイント

評価の着眼点（ポイント）	
役割責任の遂行	与えられた職務に最善を尽くしたか
協調性	周囲のメンバーとのコミュニケーションを心がけ、良好なチームワークを保っていたか。自分勝手で独善的な行動はなかったか
上長サポート	所属部門の管理者を率先して助け、自部署の課題解決や目標達成に対して貢献していたか
引継ぎ（予定されていた場合）	予定通り行ったか

資料出所：新経営サービス人事戦略研究所作成

まず、評価期間のはじめに、シニアが担当する「主要業務」に関して管理職者との間で面談が行われる。面談では主要業務（主要業務以外に業務引継ぎがある場合はそれを含む）で達成してもらいたい成果、あるいは目標について、管理職者からシニアに提示される。

実際の評価は5段階で実施される（S、A、B、C、D）が、評価を行うにあたっての着眼点（ポイント）がいくつか設けられている（役割責任の遂行、協調性、上長サポート等）。ただし、評価項目ごとに細かく点数をつける形式にはしておらず、その意味では現役時よりも緩やかな評価運用を行う方針となっている。

評価結果については、半年に1回のベース賞与に反映させるが、最も低い評価の場合はベース賞与が減額される場合もあり、仕事に対する緊張感を生み出すことも狙いとしている。

⑤ オリジナル目標により、仕事のやりがいアップを実現

新人事制度の目玉として導入されたのが、目標設定コースにおける「オリジナル目標の上乗せ」の取組みである。

会社があらかじめ示しているガイドラインに則った目標を本人が期初に申請し、承認された場合には通常業務以外に別途取り組むことが可能になる。目標の難易度、想定成果に応じて3段階のレベルが設定されており、取り組むことによってベース賞与とは別に加算賞与として報酬が得られる仕組みである。設定レベルが高いほど加算賞与の金額が高くなるため、本人の意欲次第でやりがいのある目標にチャレンジすることが可能になる。

なお、オリジナル目標はどんな目標でもよいわけではなく、会社があらかじめ指定した3つのカテゴリである「業務創造につながる目標」「業務改善につながる目標」「人材育成・教育につながる目標」に当てはまるものの中から選択する必要がある（図表4-5）。この3つのカテゴリは、会社がシニアに期待する役割を前提に設定されているものであり、単に現在担当している業務の延長線上にあるような目標は除外される。

《図表4-5　オリジナル目標の設定例》

カテゴリ	目標の観点	オリジナル目標の設定例	
		営業職系	企画職系
1	**業務創造**につながる目標（新分野への挑戦、業務領域の拡張など創造的な目標）	・新商材の開発、開拓 ・新しい取引先、人脈の開拓 ・新しいビジネススキームの開発	・外注業務の内製化 ・新しい業務管理プロセスの開発
2	**業務改善**につながる目標（担当業務における改善目標）	・担当分野のノウハウをマニュアル化 ・社内プロジェクトにメンバーとして参加する ・納期の短縮化	・担当分野のノウハウをマニュアル化 ・社内プロジェクトにメンバーとして参加する ・組織全体に係る改善 ・人事制度改革
3	**人材育成・教育**につながる目標（担当業務の引継ぎは含まない）	・貿易実務について幅広く伝える ・物流関連の知識・経験を伝える ・リクルーターとして採用活動に参加	・社内講師として社員の英語力向上に努める ・社内講師として社員のプレゼン力向上に努める

資料出所：新経営サービス人事戦略研究所作成

　結果的にこの取組みは、A社が想定していた以上にシニアの活性化につながった。事前のアンケートおよび面談を通じて、「オリジナル目標設定への関心のあるシニアが70％」という数値が出ていたとはいえ、実際に機能するかどうか、同社としても最初は半信半疑な部分があった。

　しかし、実際に制度を開始してみると、具体的なアイデアがシニアから複数出され、開始初年度からすべてのオリジナル目標をスタートさせるためには、社内体制を調整しなければいけないほどの状況であった。このことから、いかにシニアが活躍の場を求めているか、余力を残しているのか、ということを同社としてもあらためてうかがい知ることとなったのである。

　オリジナル目標の成功事例を１つ紹介しておきたい。元営業部課長のX氏は、継続雇用後は一営業マンとして再度海外商材の新規開拓を行いたいと考えていたが、同社がシニアの海外出張に消極的であったことから意欲を失い、継続雇用後は同社顧客サービス部門の管理事務の業務に従事して

いた。

　新人事制度の導入に伴い、Ｘ氏は目標設定コースを申請し、同社はこれを承認、新入社員を１名サポートにつけ、これまで取引実績のない海外新規取引先の開拓をオリジナル目標として設定し、成果を上げた。

　目標設定の承認を得るための社内プレゼンの段階からＸ氏は非常に生き生きと働くことができており、サポートの新入社員に対する高い教育効果が認められ、Ｘ氏の職場の雰囲気も良好であったようである。

⑥ 新人事制度導入後の状況と今後の課題

　複数の働き方を選択できる余地のある新人事制度はシニアの働き方に変化を生じさせた。

　多くのシニアは継続雇用時に一般コースを選択するものの、65歳までの働き方の中で一時期目標設定コースを選択したり、65歳までの残り数年間をパートタイムコースで働きつつプライベートを充実させたりなど、メリハリのある働き方がシニアのモチベーション、生産性にプラスに働いたと同社では認識している。全体としてシニアの給与水準を引き上げたことも、好意的に受け止められた。

　目標設定コースに関して、引き続きオリジナル目標への申請は多い状況だが、継続的に活性化させていくことが今後の課題として挙げられる。この点に関しては、一般コースのシニアに対して、意図的に活躍のチャンスを与えるような形で目標設定コースへのチャレンジを促すことも、会社サイドでは意識して行っている。

　パートタイムコースもうまく機能しており、家庭の事情や自身の健康状態との兼ね合いにより、フルタイムでない働き方ができる選択肢があることは社員にとって働きがいの向上につながっているという声も聞かれるようになった。

　なお、経営陣としては、新人事制度自体も過渡的な仕組みであるという認識は常に持ち続けている。今後、中長期期的に組織構成が変化する中で、定年延長を本格的に検討する時期がくることを想定し、随時必要な制度改

革を行っていくこととしている。

(4)　成功要因の分析と評価、他企業への応用

①　経営トップの明確なビジョンに基づいたシニア活用方針と、裏づけとしての綿密な現状分析

　同社の組織構成（中抜け型）からすると、ミドル層が育つまでに時間を要することから、シニアに「現役続行」で活躍してもらう方向性も十分考えられたところである。現に、管理職者からは、シニアに対して現役時と同様の役割を果たすことを期待する声が多かった。

　これに対して、短期的にはシニアに現役として機能してもらうメリットを認めつつも、中長期的にはミドル層の成長を遅らせる可能性があるというデメリットを強く意識し、あくまでシニアにはシニアとして期待する役割をベースにした制度としたことと、その背景にある経営トップのシニア活用のビジョンが明確であったことが、成功要因の1つとして考えられる。

　この点、中途半端にシニアを現役として扱う方法をとっていたとしたら、計画的な世代交代にはつながらなかったものと考えられる。一方でこのような判断の根拠となったのが、綿密な現状分析である。シニアの現役化を急激に進めなくても、当面の事業運営に大きな支障がないことが、ある程度判断できたことにある。

②　シニアの希望に沿った多様な働き方を実現し、モチベーションアップにつなげたこと

　同社の人事制度改革の特徴は、シニアの希望に応じて、継続雇用後の働き方のコースを設けたことにある。

　例えば、目標設定コースのチャレンジ目標が導入されたことで、仕事の意欲が低下していたシニア層の一部が再活性化したことは、同社にとって大きな成果であったと思われる。また、既存のシニア層が活性化したこと

は、数年後に定年を控えたポストシニア層のモチベーションにもプラスに働いたものと考えられる。

　一方で、パートタイムコースのような短時間・短日数勤務ができるコースの位置づけも重要である。今後さらにシニア層のボリュームが増えてくれば、さまざまな事情から（例えば健康面、家庭の事情、あるいは副業・兼業の希望など）現役時よりも仕事の負担を少なくして働きたいというニーズも増えてくるであろうし、そうした中でメリハリのある働き方を会社として柔軟に提供することができれば、シニアのさらなる活性化、また離職防止にもつながっていくはずである。

事例 2　B社

(1)　企業概要と人事制度改革のポイント

〈企業概要〉

(1) 設立：1950年
(2) 資本金：15億円
(3) 事業内容：精密機器製造販売
(4) 本社：関東圏の主要都市
(5) 従業員数：正社員600人、うち60歳以上のシニアは30人程度
(6) 定年年齢は60歳で、定年後は高年法に基づく継続雇用制度を採用
(7) 人事制度の改革時期：2019年

〈人事制度改革のポイント〉

① シニア層およびポストシニア層、管理職層へのアンケート・面談を行うことで、シニア制度の課題を深堀りできたこと
② 継続雇用制度におけるシニアの期待役割を構築しつつ、定年前の人事制度とシニア制度とのつながりを明確にしたこと
③ 「技能伝承」をシニアの期待役割の最重要課題として位置づけ、人事評価制度とも連動させながら、計画的に技能伝承が推進される会社の体制を整え、実行したこと
④ 評価者である上司とシニアとの関係を中心に、シニアの職場環境を改善し、働きやすい状態を実現したこと

（2）　シニア活用の課題と現状分析・方針策定

①　B社の組織構成とシニアの課題

　同社では近年社員の高齢化が急激に進行しており、50代前半〜半ばの社員のボリュームが大きくなっている。全社的な年齢構成でいえば「高齢化型組織（42頁で解説）」にあたる。

　一方で中堅・ベテラン層の陣容も十分とはいえず、継続雇用のシニアに管理職を継続してもらわざるを得ない状況である。この点、継続雇用制度の下では現役時と比べて同一労働であっても3〜4割賃金水準がダウンするため、シニア（特に管理職を継続する者）からは、「仕事と給料が見合わない」という声が多く聞かれるようになっていた。

　また、社内では社員の急激な高齢化に伴い、技能伝承の遅れを懸念する声も多い。小型精密機器の多品種少量生産により業界内での地位を築いてきた同社では、商品によっては特殊な技能が属人化してしまっており、例えばある製品に関しては、担当者が退職すれば同じ製品の受注を受けることができなくなる、というケースも見受けられた。

　現に直近では、退職した社員が担当していた製品で、10年以上取引がなかったケースで臨時的に多くの引き合いがあり、貴重なビジネスチャンスを逃してしまう例があった。

　同社のシニアの人数構成は現在でこそ正社員全体の5％程度であるが、数年後には一気に10％程度まで増える想定となっている。これまでのように管理職を継続してもらうだけのポストは当然なく、かといって定年後にプレイヤーとして働いてもらうにしても、シニア全員に、業務負荷を減らして緩やかに働いてもらうような余裕があるわけでもない。

　そこで、同社ではあらためて自社の現状を深く分析する中で、中長期視点でのシニア活用、また組織全体の若返りに向けて、継続雇用制度の見直しを図ることとした。

② 現状分析：シニアおよび管理職者に対してアンケート・面談を実施

　同社ではあらためて、シニア活用の実態に関して社内アンケートを実施することとした。アンケートの対象は、すでに定年を迎えて継続雇用中であるシニアと、50代半ば以降の定年を控えた層（ここではポストシニア層と呼ぶ）に加えて、シニアを抱える部署の管理職とした。

　関係者の本音を引き出すための工夫として、WEBを用いた匿名アンケートと、アンケート実施後の個別面談（シニア、ポストシニア、管理職の対象者全員）を全社的に実施した。アンケートの結果について、対象ごとの傾向は以下のとおりである。

シニア層

・給与に対する不満

　全体的に継続雇用後の給与に対する不満が多い。特に、定年後も管理職を継続している社員に顕著である。定年前と同じ仕事なのに、大幅に給与が下がることに対して納得感が低く、モチベーションダウンにつながっている。

・継続雇用制度の運用に対する会社の狙いが不透明

　現役時代に実施されていた等級制度・評価制度は継続雇用後には対象外となっていることからも、シニアに求める役割が明確でないという声が多い。

・技能伝承や人材育成が進んでいない

　ベテランが技術を抱え込んでおり、下に教え切れていない。会社全体として技能伝承や人材育成を進めていく必要性を感じるが、仕組み化されていないため、まったく進んでいない点を危惧する声があった。仕事の兼務が多いことも原因ではないか、という意見もあった。

ポストシニア層

・定年後の働き方が魅力的に映らない

先輩社員である定年後のシニアの不満を耳にしていたり、あまり生き生きと働けていない様子をみて、自身が定年後に働く姿を前向きにとらえられない（お金が必要なので働くことはするだろうが）という声が少なくなかった。会社に対しては、多様な働き方ができるようになることも含め、定年後の継続雇用の仕組みをより明確に、魅力あるものに見直してほしいという意見が多く聞かれた。

・技能伝承に対する危機感

技能伝承の必要性に対する認識は、現シニア層よりもポストシニア層の方が強く、危機感さえ感じている様子であった。早期に技能伝承に着手しなければ、早晩失われてしまう可能性のあるノウハウがある中、マニュアルがないことや、会社全体として、そうしたノウハウを残していこうという意識が薄いという風土に対して問題視する声も複数存在した。自身が定年後、継続雇用期間の中で技能伝承を担いたい（そうした仕事に興味がある）という意見も出た。

管理職層

・継続雇用期間中に管理職を継続する仕組みは廃止すべき

人手が少ないことは事実ではあるものの、無理にでも若手を抜擢するなどして次世代の管理職を輩出していかないと、ベテランが現役を継続することでますます技術伝承や人材育成が進まなくなるため、問題である。

・人事制度の見直しだけではなく、幅広い観点でシニア活用を推進すべき

シニアに求める役割を幅広くとらえ、従来の延長線上でない処遇の方法を考えるのであれば、シニア自身に対して、働き方の変革への動機づけを行うことも必要であろうし、会社としても、さまざまな可能性を模索し、シニアに提供できる仕事の機会を増やしていく取組みも重要であるとする意見があった。

③ 基本方針の策定

　以上のアンケート結果を踏まえて、同社では、シニアの役割と処遇を明確化することを主軸に、継続雇用制度の改革に着手することとした。その中では、特に技能伝承の計画的な遂行を重点的な取組み課題と位置づけ、そのほかにも、シニア自身の意識改革、シニアを取り巻く職場環境の整備など、シニア活用に向けた幅広い取組みを中長期的に継続して行っていくことを基本方針とした。

《図表4-6　シニア活用に向けた取組みテーマと基本方針》

取組みテーマと基本方針		優先度	期間
全体	・継続雇用制度の運用方針の明確化 ⇒内外の経営環境において、継続雇用制度を運用する目的	高	短期
制度面	・継続雇用制度の改定（勤務体系、評価、処遇） ⇒働き方に合わせた柔軟な勤務コースと給与・評価体系の構築	高	短期
運用面	・シニアの技能伝承（計画的推進） ⇒どの技能を対象にするのか、何年計画で伝承していくか	高	中長期
	・シニアの職域の創出 ⇒再雇用者の仕事が「なくなる」場合を想定した仕事作り	低	中長期
	・ライフプランに対するシニアの意識づけ ⇒外部セミナー（生保会社など）の受講など	中	短期
	・シニアにとって働きやすい職場環境の構築	中	短期

資料出所：新経営サービス人事戦略研究所作成資料

（3）　人事制度改革の詳細内容と導入効果

① シニアの役割を明確に規定し、現役時代の人事制度と接続

　定年後、基本的な人事制度の枠から外れてしまうことにより、シニア自身が何を会社から求められているかどうかが不明確であることが、シニア

のモチベーションを下げ、生産性を下げる要因ともなっていた。

そこで、シニア制度改革にあたっては、まず、シニアの役割と人事制度、特に等級制度上の位置づけを明確にすることからスタートした。

具体的には、同社の等級体系は大別して一般職層（S等級）、監督職（L等級）、管理職層（M等級）に分かれるが、S等級、L等級で定年し、継続雇用となったシニアに関しては、基本的な役割は定年前と同等であるという位置づけを明確にした。

また、管理職層（M等級）まで務めた経験のあるシニアに関しては、人手不足から管理職を定年後も継続していた運用を原則廃止し、定年前の役職からは外し、管理職補佐的な役割に就けることとした（図表4-7）。

《図表4-7　定年後（継続雇用）の原則的な等級設定ルールと期待役割》

定年前等級	定年後等級 （継続雇用時）	備考
一般職層 （S等級）	一般職層 （S等級）	・原則、定年前の等級に準ずる
監督職層 （L等級）	監督職層 （L等級）	
管理職層 （M等級）	管理職補佐層 （MS等級）	・原則、定年後は役職を外れ、管理職補佐層（MS等級）に任命する ・適当な役割が設定できない場合、本人の希望も勘案し、一般職層または監督職層として勤務してもらう場合もある

一般職層 （S等級）	監督職層 （L等級）	管理職層 （M等級）	管理職補佐層 （MS等級）
・自らの役割を自主的に全うする ・自らの専門業務の領域だけにとどまらず、その周辺領域についても理解する	・自らの役割をそのとおりに実行するだけでなく、工夫や改善を加え、より高いレベルの成果を創出する ・メンバーをリードし、部門内の成果を向上させる	・組織を活性化させ、部門内および部門をまたがって業績・成果を創出する	・組織管理面、また専門業務面の両方において、自らの視野や経験を組織に還元する

資料出所：新経営サービス人事戦略研究所作成資料

　適当なポストが与えられない場合は、本人の希望も勘案しながら、S等級またはL等級の業務に就いてもらうこともある。処遇面ではMS等級と比べて多少劣るものの、業務負荷をかなり抑えた形で業務を行うことができるため、緩やかな働き方を希望するシニアにとっては、最初からS等級またはL等級の業務を希望する声も少なくない。

　S等級またはL等級として勤務するシニアについては、人事評価の基準は定年前と同じものであるため、現役時代とのつながりは意識しやすい形とした。

　MS等級として勤務するシニアについては、特にM等級との比較において、新たに評価基準を策定することとした。MS等級に固有の役割（自らの視野や経験を組織に還元する）を意識してもらえるよう、評価基準においては表現の工夫を行った（図表4-8）。

　具体的には、「後進への引継ぎ」「ノウハウの蓄積」「後進の模範」「（管理職とプレイヤーとの）潤滑油としての機能」「技能伝承」といったポイントが挙げられる。

《図表4-8　M等級・MS等級の基本的な評価基準》

基本役割	概要	M等級	MS等級
クライアントファースト	クライアントの期待・ニーズを正しく理解し、迅速・的確に対応し、満足度を高める	迅速な決断を行い、明快な判断の機軸を持ち、具体的な指示を与えて、組織全体のスピードを速めている	これまで培った有力な人脈との関係をより強固にするとともに、後進への引継ぎを計画的に推進している
チャレンジ	現状に甘んじず、失敗をおそれず、常に新しいことに挑戦する	部門メンバーに対して、現状や既存の仕組みにとらわれず、創造性を発揮するよう働きかけている	これまでに体系化した知識／技術をもって、将来有用なノウハウの蓄積を組織にもたらすことができるよう、チャレンジを継続している
リーダーシップ	指示を待つのではなく、責任を持って自ら考え、目標を設定し、判断・行動する	メンバーが主体的に行動するよう意識づけるとともに、部門として取り掛かったことに対して、妥協せず終結させるまで率先して取り組んでいる	自らの専門業務領域において組織全体をリードするとともに、後進の模範となるよう、引き続き幅広い業務を担当している
協働	的確なコミュニケーションを行い、情報を確実に伝達・共有し、目標達成に向けて協働する（組織横断的協働も含む）	メンバー全員が必要な情報をタイムリーに受け取れるよう、情報の共有化を進めるとともに、困難な状況に直面した時でもチームの決定を貫いている	管理職層とプレイヤー層の間に立ち、双方の意見をうまくすり合わせるなど、潤滑油としての機能を積極的に果たしている
能力開発	業務に関係する能力を高めることを心掛け、また、それを周囲にも促進する	部門のマネジメントに必要な手法・技法・行動特性を習得し、メンバーを指導・育成している。	自身の培った専門知識・技能・経験・ノウハウ等を、マニュアル化あるいは人材育成を通じて、計画的に技能伝承している

資料出所：新経営サービス人事戦略研究所作成資料

② 技能伝承が計画的に行われるよう、シニアの働き方・処遇を改革

　シニアの重要な期待役割である技能伝承を実効性あるものとするため、同社では仕事の進め方を一部抜本的に見直すことを決定した。

　部門ごとに技能伝承の対象項目、伝承候補者をピックアップし、期間を定めて重点的に取り組むこととしたものであり、具体的には、技能を伝承

するシニアと、伝承対象となる若手または中堅社員がチームまたはペアに
なって仕事を行うような体制を構築した。常に行動を共にするわけではな
いものの、2日に1回程度は「技能伝承タイム」を設け、その時間は仮に
生産効率が一時的に落ちるとしても、必要な教育時間として必ず設けるこ
ととした。

　当初は、教える側の意識・姿勢、また教え方にも問題がある様子がうか
がえたため、技能伝承を行うシニアに対しても、導入時教育を充実させた。
具体的には、①キャリア棚卸し研修（自分自身のこれまでを振り返り、また
自分自身の今後の人生を考える中から、技能伝承の重要性を認識させる）、②
シニアミーティング（シニア同士で技能伝承の実際について情報交換する場
を設ける）、③コーチング研修等の外部研修の積極活用、などを実施する
ことで、徐々にシニアの意識を変えていく（シニアとしての役割を認識させ
る）ことにつながっていった。

　また、人事評価においても「技能伝承」を重要項目として設定し、技術
伝承への取組みを賃金に反映させることも行った。目標管理制度も併せて
活用し、対象者のスキルアップや、マニュアル化などを通じた技能の標準
化などの成果が表れれば、賞与や昇給等のインセンティブとして明確に差
がつくような仕組みを採用した。

　なお、技能伝承はもちろん重要なミッションではあるものの、同社とし
ては、シニアと若手・ベテランとのコミュニケーションや、仕事上での結
びつきを強化することで、今後さらに高齢化が進む社内において、OJT教
育が自然と展開される雰囲気を作りたい、その結果として生産性の向上を
図りたい、という意図も、背景としてはあったようである。

③　シンプルな2コースの継続雇用制度

　シニアを対象とした継続雇用制度は、基本的には定年前と等級を継続す
ることを前提とした仕組みとなっている（図表4-9）。

　ただし、管理職層で定年になったシニアについては原則役職を外れて
MS等級に移行するが、例外的に必要がある場合には管理職を一定年限に

限り継続することもある。

　給与水準は継続雇用時に一定の減額があるものの、諸手当はほぼ同一のまま継続するなど、同一労働同一賃金への配慮を行った処遇体系としている。

　また、働き方の多様化の観点から、S等級としてシニアの業務を継続する場合のみ、パートタイムでの勤務が認められる場合がある（会社の承認・許可制）。フルタイムとパートタイムの切替えも、職場の環境が許せば認められる場合がある。

　現時点では、L等級、MS等級としての勤務を行う場合にはパートタイムコースを認めていないものの、今後もシニアが大幅に増加していく見込みであることから、段階的に適用範囲を拡大することも検討されている。

《図表4-9　継続雇用制度におけるシニアの働き方と処遇（コース）》

シニアコース		フルタイムコース	パートタイムコース
適用等級		S等級、L等級、MS等級	S等級のみ
業務		定年前の業務または会社と合意した業務を継続	
人事評価	目標設定	あり	原則あり
	評価有無	半期ごとにあり	原則半期ごとにあり
	評価対象	上期：行動評価のみ　　下期：業績評価＋行動評価	
	評価反映	賞与を加減算	
	給与	・報酬：定年前基本給の70％を原則とする。ただし、定年後に担う役割や業務内容によっては金額の上下がありうる。 ・諸手当：定年前の諸手当を原則継続する。 ・報酬及び諸手当は再雇用契約更新時に見直すことがある。	・ベースの決定方法はフルタイムコースのルールを準用し、そこから〈時間・日数短縮分〉を減額する。
	賞与	・会社の業績ならびに本人の貢献度に応じて、従業員の支給率等を勘案の上支給する。会社の業績および本人の勤務状況によっては減額ないし支給しない場合がある。	
	備考	・原則、再雇用後は管理職経験者も役職を外れることとする。 ・ただし、特例として会社が任命し、再雇用後も管理職として定年前と同じ役割を担う場合や、特定プロジェクトの特任担当として管理職に準じた役割を担う場合がある。この場合、給与・賞与等については個別に決定する。	

資料出所：新経営サービス人事戦略研究所作成資料

④ 目標管理制度を中心としつつ、業績成果よりプロセス成果に重きを置いたシニアの人事評価制度

　技能伝承の必要性もさることながら、同社ではシニアが定年後に仕事のモチベーションを維持できていない原因として、定年後、自身で仕事の目標とするところがない、または少ないことが大きいのではないかと推察していた。

　現に、シニアへのアンケート・個別面談を通じても（管理職を継続する社員は例外として）、仕事の責任ややりがいが減少し、惰性ではないにしても、意欲が湧きにくい状況である、という声が聞かれていたところである。

　では、本当にやる気がないのかといえばそうではなく、技能伝承や人材育成含め、現役時代にはなかなかできなかったようなことでも、継続雇用の期間の中でできることは少しでもやりたいし、会社への貢献意欲もある、というシニアが多かったのである。

　ただし、そうした取組みが認められる仕組みが会社になく、仮に自主的に取り組んだとしても、処遇面での見返りがほぼない状態であるから、取り組む意欲につながりにくい面があったものと推察される。

　そこで同社では、シニア社員にこそ明確な目標設定と、目標管理を通じたコミュニケーションの活性化、人事評価を通じた仕事のやりがい向上が必要であるとの認識から、現役ともまた異なる評価の枠組みを構築することとした。

　同社のシニア人事評価制度は、大別して「行動評価」と「目標管理」の2種類からなる（図表4-10）。

　まず、行動評価については、前述のシニアの期待役割に沿って、自身がどのような行動プロセスを経てきたかということを、半年間の評価期間を通じて自己評価してもらい、上司が判定するスタイルである。業績評価ではないものの、単なる能力評価とも異なり、期待役割に沿った行動プロセス（行動量や行動の質）が問われることとなる。

　したがって、ある程度裁量を持たせつつも、シニア自身の姿勢・行動に

よって評価に差がつきやすい仕組みであり、定年後もいろいろな仕事に挑戦し、前向きに取り組む社員にとっては、高い評価を受けやすく、やりがいにつなげやすい。

　次に、目標管理については、期限内での目標達成度を評価するものであり、こちらもシニア社員の期待役割に沿って、評価者との相談の中で毎期目標設定を行う。

　現役との違いは、全社的な経営計画に沿ったマネジメント成果や売上・利益等の具体的な業績指標を目標として設定するのではなく、行動評価ともリンクさせながら、シニアに求められる仕事のプロセスをどの程度遂行できたか、その結果としての成果を重視している点である。

　具体的には、当然技能伝承などは重要な目標として挙げられるが、それに限らず、これまでの知識・経験を生かした社内改善の提案であったり、新たな顧客の開拓といった、最前線のプレイヤーとしての内容であっても、会社の承認が得られる範囲であれば取り組むことができる。ただその場合も、直接的な業績というよりは、どのような考え方・コンセプトでシニアとして組織全体に貢献し、還元するのかといったプロセス自体に重きを置いた評価を行うようにしている。

　人事評価の結果は主に半期の賞与への反映割合が大きく、評価結果によって、最大で標準額の2.0倍、最低で標準額の0.5倍程度まで上下に振れる仕組みとしている。その分、評価に対する納得感を高めるため、会社全体としてシニアの評価を厳密に行う必要がある。このため評価者がシニアの期待役割をよく理解した上で評価を行えるよう、定期的に評価者研修等を実施している。

《図表4-10　シニアの人事評価シート》

① 行動評価

人事評価（行動評価）シート（MS等級用）

所属 :

氏名 :　　　　　　　　　　　　　　　　　　評価者:

自己評価			上司評価	
行動基準	具体的な行動プロセス	評価	行動内容の確認	評価
クライアント ファースト				
チャレンジ				
リーダー シップ				
協働				
能力開発				

□（評価欄）行動基準の評価（自己評価、上司評価共通）
　　1：期待通りに発揮されていない（満足できない水準である）
　　2：期待どおりに発揮されている（満足できる水準である）
　　3：際立って発揮されている（非常に優れている水準である）

② 目標管理

人事評価（目標管理）シート（MS等級用）

所属 :

氏名 :　　　　　　　　　　　　　　　　　　評価者:

自己評価			上司評価	
個人目標・実施計画	達成基準	評価	目標達成状況（達成率・達成度合い）	評価
1.				
2.				
3.				

□**個人目標の設定**
・個人目標・実施計画は2つ以上とし、具体的に簡潔に記入する
　＜目標設定目安（MS等級）＞
・シニアの期待役割・行動基準（MS等級）に沿った内容とすること
□**達成基準の設定**
・「個人目標・実施計画」各々の達成値・達成度合いについて
　具体的に簡潔に評価時に記入して下さい。

□**目標達成状況の評価（自己評価、上司評価共通）**
　S：目標を上回った（115％以上）
　A：目標をやや上回った（105％以上～115％未満）
　B+：目標が達成できた（100％～105％未満）
　B：目標をやや下回った（90％以上～100％未満）
　B－：目標を下回った（75％以上～90％未満）
　C：目標を大きく下回った（75％未満）

資料出所：新経営サービス人事戦略研究所作成資料

⑤ 定期面談シートを用いた、管理職とシニアのコミュニケーション改善

　人事評価だけに頼るのではなく、同社ではシニアのモチベーション管理を適切に行うため、所属部門の管理職とのコミュニケーションの質と量を向上させる取組みを意図的に行っている。

　というのも、全社的なアンケートおよび個別面談の中で、シニアと現場組織がうまくかみ合っていない場面が散見されたからである。具体的には、若手・中堅を中心とした意見として、

　　・一部のシニアにやる気のなさがうかがえる
　　・シニアの担当業務や期待役割が不明確なためコミュニケーションがとりにくい
　　・シニアはどうしても無責任になってしまう傾向にある

といった声が聞かれていた。

　全体としては少ない声であるとはいえ、今後さらにシニアが増加するにあたって当該状況を放置することは大変危険であると危惧した同社では、シニアとのコミュニケーションが不十分であった実態を反省した上で、シニア定期面談シート（図表4-11）を用いたシニアと管理職との業務上の面談を2カ月に1回実施することとした。

　シニア定期面談は、日々の仕事状況に対する成果の確認になることはもちろんのこと、都度、シニアに期待している役割や責任の範囲を明確に伝える機会になる。また、人事評価との関係では、目標管理制度の進捗確認の場にもなる。

　また、シニア自身が会社とのつながりを意識してもらえるよう、定期面談の機会の中で、会社への改善要望を述べてもらうようにしていたり、健康状態、プライベートの状態に関しても相談できる時間としている。

　もう1つの大きな狙いとして、シニア自身が同僚からどのように思われているかを直接ないし間接的に伝えることで、「自分はシニアだから」と組織から一歩引いてしまうことがないようにしたいということがある。

《図表4-11　シニア定期面談シート》

定期面談シート	
＜本人＞ 所属 氏名 作成日	**＜上長＞** 所属 氏名 作成日 面談日

1．今期担当業務への期待・役割・目標（上長記入）	

2．2ヵ月間の業務の振り返り、目標進捗状況	上長コメント

3．上司・会社への改善・要望事項	上長コメント

4．申告事項（健康状態、家庭事情など）	上長コメント

5．同僚コメント（サンクスコメント、アドバイスなど）	
コメント①	コメント②
コメント③	コメント④

資料出所：新経営サービス人事戦略研究所作成資料

　そこで、シニア定期面談シートの中に、同僚からサンクスコメントを記載してもらう欄を作っている。

　当初こそ、コメントを書く側も何を書いていいかわからずコメントが集まらなかったり、コメントをもらう方も気恥ずかしさがあったものの、徐々に有益なコメントが集まるようになり、仕事上、双方の気づきにつながる部分も出てきている。お互いに感謝を伝えあったり、アドバイスし

あったり、といった、普通に考えれば当たり前のことが、シニアの人数が組織内に増えても実施できるように（シニアがいることでマイナスな空気感が生まれることのないよう）、同社ではシニア定期面談の機会を有効に利用している。

⑥ 新人事制度導入後の状況と今後の課題

　シニアの期待役割を明確にし、会社全体がシニアとの向き合い方を変えたことで、シニアの意識にも変化が生じ、総じてシニアのパフォーマンスは向上してきており、組織全体の雰囲気にも良い状態が生まれている。

　シニアが人事評価制度、目標管理制度をベースとして取り組む内容はさまざまであるものの、会社全体として重点を置く技能伝承については、着実に進展してきている。具体的には、技能伝承の対象となる技能および伝承する側／される側の設定を行い、日々の仕事の中で技能伝承を組み込むようにしたことで、「いつまでにやらなければいけない」という、ある種の危機感のようなものも会社全体に芽生えてきている。

　というのは、あらためて技能伝承が必要な項目を洗い出す過程で、いかに自社の技術が属人化しているか、また簡単に継承できるものではない、ということがわかってきたからである。そして、確実に継承できるまでに必要な期間と、シニアが働ける期間を比べると、ほとんど時間が残されていない、というような状態も露呈してきている。技能伝承に時間を割きすぎることで生産効率の低下を懸念する動きもあるものの、技能が失われることによる会社としての損失が計り知れないことから、経営トップ主導の下、急ピッチで技能伝承が進められているところである。

　副次的な成果として、技能伝承の機会を契機として、これまでに同社であまりなかった、「教える」という風土が芽生えつつある。同社ではこれを機に、これまで手薄であったOJTの体制を再度整えたり、教育体系を確立していくことにも取り組んでいく予定である。

　また、技能伝承の過程で、あらためてシニアの技能の高さが周囲にも知れ渡るところとなり、若手社員からの尊敬を集め、「自分もこうなりたい」

と、意欲につながっていることは会社にとって大きな収穫であった。シニア自身も、頼られることによって仕事のやりがいにつながったり、自身の役割を使命感を持って、残りの雇用期間の中で全うしようという意識になりつつある点が、シニア定期面談を通じて管理職から聞かれるようになってきている。

(4)　成功要因の分析と評価、他企業への応用

①　シニアの期待役割をベースに人事制度上のつながりを明確にしたこと

　S等級、L等級で定年になった者は継続雇用後もS等級、L等級と同じ位置づけになること（一定の給与減額はあるが）、またM等級で定年になった者は原則として継続雇用後は役職が外れ、MS等級として期待役割・業務内容が変わることが明確になり、シニアとしては従来の制度よりも、自身の社内における位置づけ、また何をすればどのように評価されるのかが明確になった。その結果、仕事上の目標を立てやすくなり、継続雇用期間を前向きにとらえられるシニアが増えたことなどが基本的な成功要因として挙げられる。

　もちろん、シニアの人数がまだ数名というような企業であれば、あまり体系的なシニア人事制度を構築する必要性は薄いという考えもある。ただ、近い将来にシニアの人数ボリュームが社内的に厚くなることがわかっているのであれば、早い段階でシニアの位置づけを明確にした人事制度を構築する準備をしておくことは必要ではないだろうか。

②　技能伝承を主軸にシニアの活躍の場を設け、会社としてバックアップ体制も整えていったこと

　シニアに求める事項が多岐にわたったり、あるいは自由度を高くし過ぎてしまうと、かえってシニア活用が進展していかない可能性もある。

この点、同社ではシニアの期待役割として、「技能伝承」というテーマを最重要課題として据えたことで、会社全体として技能伝承の体制構築に力を入れることができたし、シニアとしても自身の培ってきた能力・技能をフルに活用できることでやりがいにつなげられたことは、成功要因として挙げられる。

　もちろん、ただ単に「技能伝承をせよ」というだけでは形骸化するか、早期の成果に結びつくことはなかったと思われる。

　同社ではこの点、確実に技能伝承の成果を創出するために、技能伝承を前提とした作業オペレーションに変更したり（技能を伝承するシニアと、伝承対象となる若手または中堅社員をチームまたはペアにして仕事を行う体制を構築したこと）、人事評価を通じて技能伝承の成果を処遇に結びつけることで、シニアのやる気につなげたことが成功要因になった。

事例 3　C社

（1）企業概要と人事制度改革のポイント

〈企業概要〉

(1) 設立：1990年

(2) 資本金：9,000万円

(3) 事業内容：一般労働者派遣事業（システムエンジニア、プログラマー派遣）

(4) 本社：関東圏の主要都市

(5) 従業員数：正社員200人、うち60歳以上のシニアは3人程度

(6) 定年年齢は60歳で、定年後は高年法に基づく継続雇用制度を採用

(7) 人事制度の改革時期：2018年

〈人事制度改革のポイント〉

① 55歳から等級体系を変更し、新たな役割と処遇ルールを適用したこと

　ただし、急激な変更がないよう、段階的な制度移行を行ったこと

② 60歳定年後、継続雇用時の評価・処遇体系を明確にしたこと

③ 求められる役割や職務の変更ということに対して、シニア層を対象に意識改革に向けたキャリア研修を実施したこと

(2) シニア活用の課題と現状分析・方針策定

① C社の組織構成とシニアの課題

　同社の年齢構成は、「中太り型組織（40頁で解説）」にあたり、30歳代半ば～40歳代前半の層に集中した組織体制となっている。

　60歳以上のシニアこそまだ数人という状況であるが、ポストシニア層である50歳代前半層の社員が確実に増えてきている。

　IT業界全体の特徴として、業種的にまだ歴史が浅く、他の業種と比べても、30～40歳代の人員割合が高くなる傾向がある。逆に、現時点では50歳代の人員割合は他業種よりも低くなっているのだが、同社はIT業界の中では比較的業歴が長く（創業が1990年）、当初から活躍していたメンバーの高齢化（大卒・専門卒が50歳代に差し掛かる）が問題視される状況になっていた。

　一般的に、IT業界では他の業種よりも社員の高年齢化に対する企業対応が難しいといわれている。主な理由は以下のとおりである。

年齢の高い社員に対して仕事を見つけにくい

　これはIT業界に限った話ではないだろうが、若手の管理職やプロジェクトマネージャーにとっては、年齢の高いベテランスタッフをプロジェクトの中で管理しにくいということがままある。

　また、職種柄、体力だけではなく集中力も求められるため、年齢の高い社員にはあまり向かず、クライアントが年齢の高い社員の配置を望まないケースも多い。

過去の保有技術の陳腐化が激しい

　例えば製造業の現場作業員のような職種であれば、年齢の高い社員であっても永続勤務によって培ったノウハウや経験値を仕事で生かすことが

できる。

　しかしながら、技術の進歩・変遷が急速に進むIT業界では、継続的に新しい技術習得が求められるため、年齢の高い社員にとってはハードルが高い。

業界内での前例がほとんどない

　他の業界では、10年以上前から年齢の高い社員や定年後の継続雇用者の処遇について、その事例が豊富にある。しかしながら、歴史の浅いIT業界では他社事例が少ないため、参考にしづらい。

　以上のような状況が、業界内でも老舗に分類される同社では特に深刻になりつつあったため、60歳以上のシニアを含む高年齢者層に対して、既存の人事制度を抜本的に見直す方向で検討を開始することとした。

②　現状分析：管理職層を中心に50歳代以上社員の勤務実態を調査

　同社では体系的な人事制度を有しているものの、継続雇用後のシニア制度を特段定めているわけではない状態であった。

　経営陣は、少人数ながらも60歳以上のシニアが増えてきていることを前提に、再雇用後のシニア制度の構築が必要ではないかとの意識から、管理職層に対して聞き取りを開始した。聞き取りでは、将来的なことを考え、50歳代以上の社員（非管理職層）に、仕事のパフォーマンスやキャリアに対する意識などを管理職としての視点で語ってもらったところ、総じてネガティブな反応が返ってきた。主な内容としては以下のとおりである。

- ・スキルアップに消極的。また、能力的に最新技術についてこられない部分もあり、社内でも開発を中心とした最前線の仕事は任せられない
- ・エンジニアではなく、現場リーダーなら十分任せられるかというとそうでもない（クライアントの要望も複雑化・多様化してきているため）
- ・正直なところ、給与面を含めてクライアントとの関係では費用対効果

が悪く、特定の業種に特化した人材はまだよいが、汎用的なスキルの
みの社員はクライアントからも敬遠される傾向がある（適正費用で派
遣するのが難しい）
・50歳代から人事制度を変え、期待役割や仕事内容も抜本的に変えてい
くべきではないか（今後、50歳代は急激に増えていくため）
・50歳代から、仕事に対する意識を変えていってもらう必要がある

　上記のような聞き取り状況から、経営陣は自社のシニア活用に対して想
像以上に難しい対応が求められると理解し、全社的に危機感を持つ必要が
あることと、人事制度に関しては60歳以上の仕組みを整えるだけでは不十
分であり、50歳代から仕組みを変えていく視点を持たなければいけないと
いう認識を共有した。

③ 基本方針の策定

　同社では定年後の継続雇用制度における評価・処遇の体系をあらためて
整備する、ということに加えて、現行制度との関係で、50歳代半ばから定
年までの期間における評価・処遇の仕組みを別途設けることとした。すな
わち、既存の人事制度を年齢で大きく３つの区分に分けるという方向感
（①50歳代半ばまでの制度、②50歳代半ばから定年までの制度、③定年後の継続
雇用制度）で制度改定を進めることとした。
　これは単に評価基準を変えるということではなく、年齢に応じて社内で
の働き方・役割を変えるという、高年齢者層にとっては大きな変化をもた
らす制度改革であることから、経営陣の中には慎重論も少なくなかった。
　しかしながら、今のうちにシニア活用に取り組んでおかないと、将来的
に取り返しがつかなくなる可能性がある、というトップの強い危機感から、
早期に制度改定に取り組むことが決定された。
　実際の取組みにおいては、働き方や役割の変更によって急激な評価・処
遇の変更がないよう、段階的に移行措置を設けて実施していく方向性を確
認するとともに、高年齢者層に対して、働き方や、自分達に期待される役

割がどのように変わってくるのかについて、意識を変えていくために研修
の機会なども設けることとした。

(3) 人事制度改革の詳細内容と導入効果

① 人事制度改定前の等級体系

　同社の元々の等級体系は、非管理職層である「J等級・L等級」、管理職
層である「D等級・M等級」、専門職層である「P等級（プロフェッショナ
ル職）、E等級（エキスパート職)」で構成されていた（図4-12）。

　非管理職層であるJ等級・L等級に関しては、大卒を前提とした、管理
職または専門職を目指した育成期間としての位置づけであり、一般的な職
能給を中心とした評価・処遇体系となっている。

《図表4-12　制度改定前》

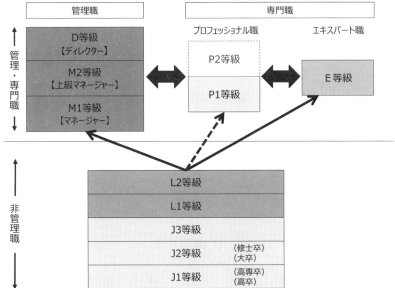

資料出所：新経営サービス人事戦略研究所作成資料

一方で、管理職ないし専門職（D等級・M等級、P等級、E等級）に関して
は、期待役割に応じたマネジメントの実績、あるいは専門職として遂行す
る職務レベルに応じた、より実力主義に重きを置いた処遇体系に切り替わ
ることになる（図表4-13、図表4-14）。

《図表4-13　管理職の給与体系（基本給部分のみ記載）※23》

■　管理職の給与体系

■　役割実績給のテーブル

等級ランク（目安）	役割実績	役割実績給
D等級 【ディレクター】	100点	660,000円
D等級 【ディレクター】	92点〜	630,000円
M2等級 【上級マネージャー】	80点〜	600,000円
M2等級 【上級マネージャー】	72点〜	580,000円
M2等級 【上級マネージャー】	60点〜	560,000円
M2等級 【上級マネージャー】	52点〜	540,000円
M1等級 【マネージャー】	40点〜	510,000円
M1等級 【マネージャー】	32点〜	500,000円
M1等級 【マネージャー】	20点〜	490,000円
M1等級 【マネージャー】	0点〜	480,000円

	レベル5	レベル4	レベル3	レベル2	レベル1
売上高 （年度合計）	35,000万円	25,000万円	15,000万円	10,000万円	5,000万円
売上高 （年度合計）	40点	32点	24点	16点	8点
管理人数 （月平均）	35人以上	25人以上	15人以上	10人以上	5人以上
管理人数 （月平均）	40点	32点	24点	16点	8点
管理PJ数 （月平均）	5PJ以上	4PJ以上	3PJ以上	2PJ以上	1PJ以上
管理PJ数 （月平均）	20点	16点	12点	8点	4点

〈注〉PJ：プロジェクト

資料出所：新経営サービス人事戦略研究所作成資料

※23：管理職の「役割実績給」は、実際に担ったプロジェクト／案件の責任（＝「規模」や「役割実績」等）によって決定される。過去担当したプロジェクト／案件の責任レベル等を複数の観点から判定し、その結果に基づき洗い替え方式によって新しい役割実績給を決定する。

《図表4-14　専門職の給与体系（基本給部分のみ記載）》

■　専門職の給与体制

月　給　＝　職務給　＋　諸手当

■　職務給のテーブル

職種	等級	職務レベル	職務給
プロフェッショナル職	P 2	レベル 2	520,000円
		レベル 1	500,000円
	P 1	レベル 3	450,000円
		レベル 2	440,000円
		レベル 1	430,000円
エキスパート職	E	レベル 3	420,000円
		レベル 2	410,000円
		レベル 1	400,000円

高度専門職（プロフェッショナル職）

▶専門性の非常に高いITスキルや高度な論理的思考力／創造力を駆使して、ハイレベルな設計・開発業務を担当する。

専任職（エキスパート職）

▶長年にわたる豊富な業務経験と深いスキル・ノウハウを駆使して、高い品質レベルで設計・開発業務を遂行する。

（補足説明）
・専門職の「職務給」は、実際に担ったプロジェクト／案件内での役割実績レベルによって決定される。過去担当したプロジェクト／案件内での職務レベルを判定し、その結果に基づき洗い替え方式によって新しい職務給を決定する。
・専門職の「職務レベル」は、経験のあるプロジェクトの規模や担当できる技術分野の範囲など、職務実績から総合的に判定される。例えば、P 1 等級のレベル 1 とレベル 2 の定義は次のとおり。
　P 1 レベル 1：「小規模プロジェクト（10人未満）において、複数の専門分野（技術または業務）または複雑性の高い技術分野に関する実務責任者としてプロジェクトマネージャーをサポートし、プロジェクトを実務面から推進した。」
　P 1 レベル 2：「中規模プロジェクト（10人以上20人未満）において、複数の専門分野（技術または業務）または複雑性の高い技術分野に関する実務責任者としてプロジェクトマネージャーをサポートし、プロジェクトを実務面から推進した。」

資料出所：新経営サービス人事戦略研究所作成資料

②　運用上の課題と、対策としてのT等級の新設

　本制度（人事制度改定前）の導入当初は、特に管理職・専門職の定義が明確になったことで、実力・実績のある若手・中堅層の抜擢につながったり、評価基準が明確になったことで仕事の目標が立てやすくなったりなど、モチベーションにつながり、業績向上に役立ったとの評価であった。

　しかし、社員の高年齢化が進むに従い、徐々に問題が起きるようになってきた。役割や責任の範囲、あるいは職務レベルの範囲を明確にして評価を行うということは、裏返すと、パフォーマンスが悪ければ処遇が下がってもやむを得ないことを意味する。場合によっては、下位ランクへの等級変更も予定されている仕組みということである。

では、実際そのように厳密にできるかというと、同社ではそうではなかった。例えば専門職に関して、数年で技術が陳腐化し、社内的にはP等級ないしE等級としての期待レベルをまったくこなすことができなくなった社員がいても、大幅な賃金ダウンを前提とした等級変更を行うことは人情的にも難しかったのである。

　同社では中高年齢層が急増してきていた時期ということもあり、今後も同様の事例が増えてくることを強く懸念していた。

　パフォーマンスの低い管理職層ないし専門職層については、人事評価により等級を下げる運用を厳密にしていけばよい、という声も経営陣の中にはあったが、同社の経営トップは、一定年齢以上の社員については、原則としてパフォーマンスにかかわらず、それまでとは異なる職務・役割を担ってもらうことが適していると考えた。

　そこで、同社では原則55歳以上の社員に対して、サポート的な職務・役割に転換してもらうことを決定し、55歳から定年（60歳）までの等級体系（T等級）を別途設けることにしたのである（図表4-15）。

《図表4-15　T等級の新設》

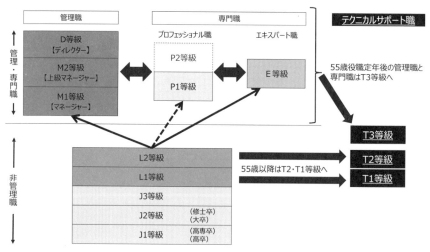

資料出所：新経営サービス人事戦略研究所作成資料

　同社で新たに設けられたT等級はT１～T３の３段階があり、社員は原則として55歳到達と同時に、T等級に移行することとなる。

　具体的には、管理職および専門職については55歳で役職定年となり、T３等級に移行する。

　また、非管理職については、L１・L２等級の社員が55歳になった後にT１・T２等級に移行する（運用上、J等級からT等級への転換は想定していない。図表4-16）。

《図表4-16　T等級の給与体系（基本給部分のみ記載）》

■　テクニカルサポート職の給与体系

■　役割給テーブル

等級	人事評価結果				
	S 1.30	A 1.15	B 1.00	C 0.90	D 0.80
T３	377,000円	333,500円	290,000円	261,000円	232,000円
T２	325,000円	287,500円	250,000円	225,000円	200,000円
T１	299,000円	264,500円	230,000円	207,000円	184,000円

等級	期待役割
T１等級	豊富なプロジェクトマネジメントの経験から、顧客において信頼関係も高く、PJ／案件運営面および営業的にも必要不可欠な人材であり、受注面・収益面において高い貢献度が見込める。
T２・ T３等級	経験豊富なIT技術または業務知識が、PJ／案件内において上流工程から保守工程までの全工程で活用でき、かつPJ／案件の下位技術者の手本となり、PJ／案件への貢献が期待できる。

〈注〉PJ：プロジェクト

資料出所：新経営サービス人事戦略研究所作成資料

　T等級の期待役割は、「経験と実績の豊富なプレイヤー」という程度の緩やかなものであり、管理職や専門職と比べると、それほど明確な実績評価に基づく処遇がされるわけではない。

したがって、管理職や専門職からT等級になる社員にとっては、T等級以前に担っていた等級よりも役割や責任のレベルは下がることになるため、それに伴って給与水準もダウンする。ただし、J等級・L等級に降格するよりはダウン幅は少ない、といった具合である。

もっとも、それはT等級としての期待役割を十分にこなせた場合ということになる。T等級の基本給は人事評価結果により大幅なアップダウンがありうる、いわゆる「洗い替え方式」を採用するため、管理職や専門職から外れて負担が少なくなる、というものでは必ずしもない。T等級としてのパフォーマンスも引き続き悪い状態であれば、J等級やL等級の標準者と比べても給与が低くなる可能性もありうる形となっている。

③ 60歳定年後は継続雇用制度に基づき処遇

同社では、高年法に基づく継続雇用制度を採用しており、60歳定年後は、希望者を1年単位の更新制で65歳まで雇用することとしている。しかし、継続雇用期間中の給与は、対象者がわずかであったため、体系的なルールは設けずに、対象者との個別の相談により決定していた。

今回の人事制度改革によりT等級の仕組みを設けたことと連動させるため、T等級で定年まで勤務した後の体系的な評価・処遇ルールを検討することとした。

具体的には、一律の処遇体系にするのではなく、継続雇用後の役割・職務に応じて設定する3つのコースを新たに設け、いずれかを適用することで処遇することとした（図表4-17）。

《図表4-17　定年後の継続雇用制度の概要》

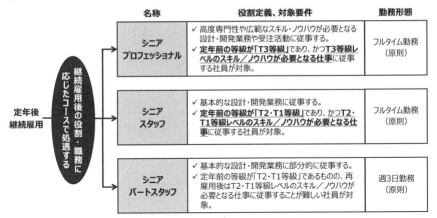

資料出所：新経営サービス人事戦略研究所作成資料

　３つのコースは「シニアプロフェッショナル」「シニアスタッフ」「シニアパートスタッフ」であり、Ｔ３等級で定年後に継続雇用となった社員は原則としてシニアプロフェッショナル、Ｔ２・Ｔ１等級で定年後に継続雇用となった社員は原則としてシニアスタッフまたはシニアパートスタッフとなる。

　シニアパートスタッフの位置づけは少々特殊であり、社員に柔軟な働き方を認めるためのコースというよりは、図表4-17にも記載しているとおり、いわばシニアに与える仕事が少ない場合に、パートタイムにすることで対応するという、業界固有の事情（技術力等の関係で、他職種よりも、シニアに与える仕事が少なくなる傾向がある）を踏まえた仕組みとなっている。

　継続雇用後の給与体系は、期待役割に応じた基本給（役割給）がベースとなっている（図表4-18）。Ｔ等級のように、評価による大幅な基本給のアップダウンは行っておらず、給与水準自体もＴ等級より低く、新卒（Ｊ等級クラス）と同程度に設定している。

　同社にまだシニアが少ないということもあるが、シニアの職務・役割を相当限定的にとらえていることの表れである。

ただ、これはあくまで現状の組織体系にとって最適な形を検討の上選択したものであり、近い将来、定年延長の議論も踏まえて、再度継続雇用者の処遇については検討する必要があるという認識で経営陣は一致している。

《図表4-18　継続雇用期間中の給与体系（基本給部分のみ記載）》

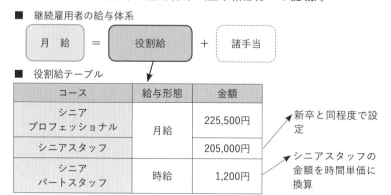

■　継続雇用者の給与体系

月　給　＝　役割給　＋　諸手当

■　役割給テーブル

コース	給与形態	金額	
シニア プロフェッショナル	月給	225,500円	→ 新卒と同程度で設定
シニアスタッフ		205,000円	→ シニアスタッフの金額を時間単価に換算
シニア パートスタッフ	時給	1,200円	

資料出所：新経営サービス人事戦略研究所作成資料

④ 53歳以上の社員を対象に、シニア向けキャリア研修を実施

　同社では、60歳以後の継続雇用制度については定年という1つの区切りがあるため、今回の人事制度改革ですぐに導入することに決めたものの、55歳から定年までのT等級の導入に関しては、社内的な混乱を避けるため、2年程度かけて緩やかに移行することとした。

　とはいえ、導入自体は決定していることから、社内での説明会の時には、特に50歳代の社員から反対意見も含めてさまざまな意見が出た。

　管理職および専門職の中には、責任やノルマがなくなり自分の得意なフィールドで仕事ができるなら、T等級に賛成という肯定派も一部いた。しかし、自分達の評価や給与を下げるための仕組みだ、という反対派が多かったため、経営陣としては、将来を見据えて組織が成長していくために必要な仕組みであることを強調した。

　ただ、社内説明会だけで理解・納得することは難しいとの判断から、T

等級という制度を実効性のあるものにするため、外部講師を招いて、50歳代の社員を対象に、55歳以後の自身のキャリアを見つめなおし、残りの仕事人としての人生を前向きに過ごすための機会として、「シニア向けキャリア研修」と位置づけた1日研修を実施することとした（図表4-19）。近年では大手企業をはじめ、50歳代のキャリア研修を取り入れる企業が増えてきていることは周知の事実である（早い企業は40歳代からスタートしている）。

《図表4-19　シニア向けキャリア研修プログラム（ポイント抜粋)》

(1) 自己理解	(3) 自身の今後の役割と成長課題を明確にする
■ 自身の強みを認識する（360度評価の活用） ■ 自分の認識スタイル（動機づけの要素や個性）を客観的に理解する 　➢ 自身の強みの客観的理解を促す 　➢ 自身の今後の課題の元ネタを理解する ※それぞれの個性を知ることで関係性理解にもつなげる 　（上司や周囲とのコミュニケーション改善を企図）	■ 会社の課題解決に向けて、 　✓ 自分の個性を生かしてやるべきこと 　✓ 自分の行動・意識を変え、成長すべきこと 　を明確にする ■ 具体的な行動計画に落とし込む
(2) 客観的に会社の課題を共有する	(4) 役割・成長課題への取組み状況をフォローする
■ 客観的に会社の課題を考えて共有する 　（求める人材像の観点から） 　➢ ネガティブなことを出して発散する 　➢ 課題認識を共有して、"共有感"を醸成する ※できるだけ多くの人と話す機会を設定する 　（問題認識の共有化を図り、親睦を深めることを企図）	■ 行動計画の実践状況を定期的に確認する 　➢ 意図的に振り返る機会を設けることで実現可能性を高める 　➢ 同年代の"関係"を活用して、相互扶助あるいは競争意識を喚起し、実現可能性を高める

資料出所：新経営サービス人事戦略研究所作成資料

　同社ではこの研修の受講対象者を53歳以上の社員（定年後の継続雇用者を含む）とし、1チーム5〜6人程度の小チーム編成とした。自身のことをあらためて理解することはもちろんのこと、同じ境遇である同年代の者同士が相互理解を深めることにより、研修の効果を高めることを狙いとしている。
　基本的な研修プログラム（1日研修）は以下のとおりである。

自己理解

　現在の仕事状況にも触れつつ、自身の仕事人生をポジティブにとらえなおす（強みの再認識）ことが目的である。今の評価だけにとらわれるのではなく、55歳以後の働き方を考える中で、自身の強み、自身の仕事に対するとらえ方、自身のやる気の源泉はどういうところにあるのか、といった幅広い観点での自己理解を目指すフェーズである。自己理解を深めるため、いわゆる360度評価も利用した（図表4-20）。

　上司、部下・後輩、同僚、それぞれの視点で自身に対する評価を客観的に実施してもらうことで、1人では気づけない観点を得ることが可能になる。

客観的に会社の課題を共有する

　会社が抱える課題に対して、短期視点ではなく、中長期視点で必要な事項まで、できるだけ多くの観点を抽出する。

　研修の中ではできるだけタブーをなくして、会社に対するネガティブな感情もできるだけ吐き出させ、リアルな課題感を共有できるようにする。

自身の今後の役割と成長課題を明確にする

　近い将来またはすぐに、今までの仕事のやり方を変え、T等級として、あるいは定年後の継続雇用スタッフとして、自身に求められること、自身にできることは何かについて、じっくり時間をかけて検討する。

　今現在の会社の業績アップに向けてできることだけでなく、今すぐには業績につながらないが、中長期的に考えて今やっておかなければ後々問題になるであろう事項について、自身のキャリアだからこそ貢献できる事項を探す、という観点も重要になる。

　そうした検討を自身で、またチームメンバー相互に話し合う中で、徐々に、シニアとしての自身の役割や、貢献できる分野を明確に意識することで、実際に働き方が変わったときの仕事のパフォーマンス、モチベーションを維持できるようにすることが狙いである。

《図表4-20　シニア向けキャリア研修ツールの例（360度評価シート）》

多面評価シート(シニア社員研修用)

対象期間　□年□月　～□年□月

対象者	氏名		
	役職		所属

評価者	関係		
	氏名		
	役職		所属

＜評価の留意点＞
①対象者本人の"気づき"につながるよう、評価者はできるだけ率直な評価内容を記入してください。
②評価者の誰がどんな評価を行ったかは、直接わからない仕組みにしています。

■すべての項目について、選択、または記述してください。

【対象者の行動レベル】
次の15項目について、対象者の行動を4段階で評価してください。

1：できていない　　2：どちらかといえばできていない　　3：どちらかといえばできている　　4：できている

No	評価の内容	点数
1	上司が不在の場合でも、業務に対する姿勢は変わらないか	
2	会社や部門の方針・計画を、自らの言葉でメンバーに伝えているか	
3	目標の達成に向けて、具体的な計画を立て、その段取りを指示しているか	
4	困難な状況でも、目標達成にこだわり、粘り強く努力しているか	
5	周囲を巻き込んで、全体を目指す方向に動かせているか	
6	クレームやトラブルに対して、責任を持って自ら解決しようとしているか	
7	言葉と行動は一致しているか	
8	上司・部下・同僚・関係先とのコミュニケーションに努め、情報を共有できているか	
9	他部署への働きかけ、連携を図っているか	
10	メンバーが自由・活発に意見や提案を出し、行動することを奨励しているか	
11	メンバーが相談しやすい雰囲気を作っているか	
12	好き嫌いといった感情や感覚ではなく、事実に基づいて人物や仕事ぶりを評価しているか	
13	部下・後輩の仕事ぶりや日々の変化を理解しようとしているか	
14	自己管理や感情のコントロールができているか	
15	自らの能力や知識を高めるために、定期的な自己啓発を行っているか	

【長所についてのコメント】
本人の「長所についてのコメント」を記入してください。

【成長に向けたアドバイス】
本人の「成長に向けたアドバイス」を記入してください。

資料出所：新経営サービス人事戦略研究所作成資料

役割・成長課題への取組み状況をフォローする

　こちらは経営陣、管理職サイドの役割になるが、シニア層としての役割を対象者が実践する中において、行動計画を立て、管理者サイドが適切にフォローできる環境を整えていくことが重要である。

⑤ 新人事制度導入後の状況と今後の課題

　55歳前後の、T等級の対象となる社員に対して、意識面のフォローも含めて段階的に対応していく（激変緩和措置を行う）方針を採用したことにより、大きな混乱はなく新制度をスタートすることができた。

　とはいえ、T等級をはじめとするシニア制度は、高年齢者層には必ずしもポジティブに映っているわけではない。理想はこうした年齢に応じた人事制度枠組みの変更が、社員にとってポジティブに機能する（段階的に会社の求める役割に応じて自身の働き方や目標も良い意味で進化させていく）ことである。制度は整ったものの、本番はこれからの運用にかかっているといえる。

　特に運用面では、新たな等級の役割定義に合致した仕事が与えられる、という意味で適正な運用が行われることが重要である。

　例えばT等級に移行しても、移行前と同じか、むしろ負担の重い職務・役割が与えられるようなことがあると、処遇とのバランスが崩れてしまい、人事制度が形骸化してしまう。

　その意味では、人事制度のルール通りに現場が回るよう、現場のオペレーションを改善したり、シニア層と管理者サイドのコミュニケーションの質を高めたり、あるいはシニア層が新たな役割を十分にこなせるよう、職場環境を整備したり、必要なトレーニングの機会を設ける（全体的に人材育成機能にシフトするT等級社員がいるとすれば、教える側としての能力アップに向けた研修への参加など、その人に応じた機会を与える）、といったことも経営サイドには求められるようになるだろう。

　また、IT業界に固有の問題といえるが、中長期的にはシニアの数が飛躍的に増える時代がくるため、その時に備えて、シニア向けの事業領域を

創出していく動きについても、徐々に、会社によっては早急に進めていく必要があるだろう。例えば同業他社では、シニア向けの仕事として、一般人向けのパソコン教室を買収して自社で運営するプランなどを実践しているところもある。

(4)　成功要因の分析と評価、他企業への応用

①　55歳からの等級制度変更という大きな仕掛けに対し、激変緩和措置を設け、段階的に取り組んだこと

　55歳からの等級体系変更、そして60歳定年後の制度への接続、という方法は同業他社でもあまり例がなく、その意味では先進的な取組みといえる。

　では、この企業だけに有効な取組みなのかというと、そうではない。前にも触れたように、高年齢者のパフォーマンスと処遇の問題はIT業界にとっては他業界と比べても重いテーマであり、どの企業も今後検討しなければならない課題であることは間違いない。

　同社の取組みは、多くのIT業界が現在、あるいは近い将来抱えることになる課題に対して、「仕事のパフォーマンスと処遇」を均衡させるための取組みの1つの回答として、参考になる部分があるのではないだろうか。

　取組みプロセスについても同様である。大きな変革を伴うケースでは、どうしても社内から反対の声が出やすい。そうした際に重要になるのは、経営陣、とりわけ経営トップの明確なビジョンと強い意思、そして実際の制度改定の取組みにおいては、激変緩和措置を含む段階的な移行をベースに置くことが重要である。

②　シニア層に対する意識改革の研修を取り入れた点

　シニア層にとって、会社のシニア活用方針を理解することと、自身として受け入れて納得することとはまた別問題である。

　とりわけ一定年齢で強制的にT等級に移行する制度の導入に関しては、

経営陣としては中長期的な会社の成長を見据えて必要性を判断したわけで
あるが、対象となる年齢の当人等からすると、これまでの自身のキャリア
を後づけで否定されたような気分になり、パフォーマンスの低下を招く危
険性もあった。

　そうした中で、会社の本気度を伝える意味合いで、制度改定に時間的猶
予を持たせつつ、シニア層に対して意識改革に向けた研修の機会を設けた
ことは同社にとって有用であったと考える。こうした研修は、今後も継続
して実施されることが望まれる。

第5章

60歳以上への
定年延長制度の
改革事例

事例1　大和ハウス工業株式会社

（1）企業概要と人事制度改革のポイント

〈企業概要〉

(1) 創業：1955年

(2) 資本金：1,616億9,920万円

(3) 事業内容：住宅事業、賃貸住宅事業、流通店舗事業、建築事業、マンション事業、環境エネルギー事業、海外事業、その他

(4) 本社：大阪府大阪市北区梅田3-3-5

(5) 従業員数：16,670人（単体：2019年4月1日現在）

〈人事制度改革のポイント[24]〉

① シニア活用の取組み開始時期の早さと、シニア人事制度の段階的拡充

② 明確なコンセプトに基づく65歳定年制の導入

③ 60歳以降の職務・役割・処遇を「コース」として体系化

④ 65歳以降の雇用についても体系的な制度を整備

---

[24]：本事例紹介は、独立行政法人高齢・障害・求職者雇用支援機構主催「平成30年度　生涯現役社会の実現に向けたシンポジウム」大阪会場にて配布された資料『大和ハウス工業における定年延長と生涯現役への取り組み』（2019年1月18日）および同シンポジウムで大和ハウス工業株式会社経営管理本部上席執行役員人事部長能村盛隆氏が発表されたパネルディスカッションの内容を基に構成している。

(2) シニア活用の課題と現状分析・方針策定

① 同社における制度の変遷（全体像）

　同社におけるシニア活用の歴史は長い。一般的に他社がシニア活用について徐々に検討を開始していた2013年時点（高年法改正により、継続雇用の対象者を限定できる基準が廃止）で、すでに65歳定年制を実現している（図表5-1）。同社の65歳定年制導入については当時ニュースでも多数取り上げられたため、ご記憶の読者もおられるだろう。

　加えて、2015年には、65歳定年後の体系的な再雇用制度である「アクティブ・エイジング制度」を導入するなど、その取組みの歴史は、シニア活用におけるフロントランナーといっても過言ではないと思われる。

《図表5-1　大和ハウス工業におけるシニア活用制度の変遷》

年代	取組み
2003年	60歳定年後の「嘱託再雇用制度」を導入
2013年	「65歳定年制」の導入（定年年齢の引き上げ）
2015年	65歳定年後の再雇用制度である「アクティブ・エイジング制度」を導入

資料出所：独立行政法人高齢・障害・求職者雇用支援機構主催「平成30年度　生涯現役社会の実現に向けたシンポジウム」配布資料『大和ハウス工業における定年延長と生涯現役への取り組み』（2019年1月18日）より一部抜粋

② 65歳定年制の導入背景（課題）と、制度設計方針

　同社が他社に先駆けて65歳定年に踏み切った背景には、以下のような社内外の環境分析があった。

・シニア雇用に対する社会的要請（改正高年法）
・少子高齢化による中長期的な労働人口不足への懸念

・定年を機に経験豊富な人財が社外へ流出（リタイア）
・一方、嘱託として会社に残った社員はモチベーションの低下
・増大する退職給付費用（企業年金）

　以上のような状況から、元々の狙いである、経験豊富なシニア社員を戦力として囲い込み、モチベーションを高い水準で維持してもらい、企業年金の「もらい手」から「支え手」にまわってもらうには、今の制度（嘱託再雇用制度）は社員にとって魅力的かという疑問を持って現状分析を行ったところ、決して社員にとって魅力的とはいえない状態であったという。
　当時のシニア社員からは、以下のような声が上がっていた。

・頑張っても報酬は変わらない。やる気が出ない。
・組織の一員としての一体感を感じられない。
・自分に何が期待されているのかピンとこない。
・年金受給の方が楽。無理したくない。

　同社では、社員と会社の両者にとってWin-Winの関係を築くには、60歳以降の社員の人生に対しても、会社は大きく関与する責任があるとの認識から、以下のような65歳定年制度の設計方針を決定した。

・「不安定な雇用（嘱託）」から「安定的な雇用（職員）」へ
・「硬直的な処遇」から「能力や実績が反映される処遇」へ
・「やってもやらなくても同じ制度」から「やれば報われる制度」へ

　なお、同社では当初、段階的な定年延長制度（61歳から65歳まで1年刻み）も検討されていたようであるが、60歳を迎えた年度末で退職金を支払う方式が、退職所得控除が適用可能との回答が税務当局から得られたことから、基本報酬水準の見直しとセットで、65歳定年へ一気に引き上げる方向で進んだようである。

（3）　人事制度改革の詳細内容と導入効果

①　基本方針に基づく65歳定年制度の概要

　同社の65歳定年制は、継続雇用制度を運用する中で出てきた課題をベースに、中長期的なシニア活用の方針に基づいて設計された（図表5-2）。

《図表5-2　大和ハウス工業における65歳定年制度の概要》

	従前の「嘱託再雇用」	「65歳定年制」
雇用形態	60歳で定年後、１年更新の嘱託として再雇用 （更新条件あり）	60歳で「役職定年」となるが、引き続き、期間の定めのない職員として処遇
異動	ない	原則として、ない
退職金	60歳定年退職時に支給 （3月末定年→４月支給）	・60歳到達年度に支給 （従前と同じタイミング） ・それ以降の積立はない
企業年金	有期雇用社員の規定にて積立	引き続き、職員の規定にて積立 （約３倍の水準差）
基本給	60歳到達時の「資格級」と「毎年の査定」により変動	同左
手当	原則、対象外	職員対象の手当が復活 （住宅手当、単身赴任帰省旅費、職種ごとのインセンティブ給　等）
賞与	年間２カ月の固定	一般社員と同様に、組織業績および個人査定により変動 （支給率は２／３程度）
年収水準	定年前の５〜６割	役職定年前の６〜７割

資料出所：独立行政法人高齢・障害・求職者雇用支援機構主催「平成30年度　生涯現役社会の実現に向けたシンポジウム」配布資料『大和ハウス工業における定年延長と生涯現役への取り組み』（2019年１月18日）

　ここからは、各制度内容の詳細について、特に重要と思われるポイントを紹介していく。

60歳で役職定年となり、以後は原則として役割と処遇が変更となる

　同社では2013年に65歳定年制を導入した。同制度では60歳到達の年度末
（3月末）で役職定年となり、以後はシニア社員の役割に応じて3コース
に分かれて勤務することになる（2014年に制度改定あり。図表5-3）。

《図表5-3　60歳役職定年後の3つのコース》

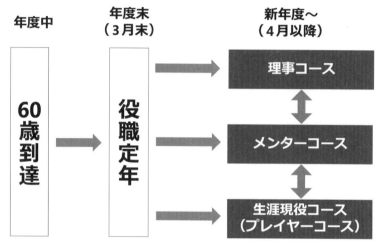

※コース分けは固定ではなく、2年目以降の見直しも可能。

資料出所：独立行政法人高齢・障害・求職者雇用支援機構主催「平成30年度　生涯現役社会の実現に向けたシンポ
　　　　　ジウム」配布資料『大和ハウス工業における定年延長と生涯現役への取り組み』（2019年1月18日）

　65歳定年の考え方は企業ごとによって異なるが、60歳以前と業務内容・
役割を変えないパターンもある中で、明確に「60歳以後は役割を変える」
ことを制度上明確にしている点は特徴的である。

　それぞれのコースの概要は以下のとおりである（図表5-4）。

《図表5-4　3つのコースの概要》

理事コース	・役職定年の例外。 ・余人をもって代え難い者であり、60歳到達後も引き続き、ライン長（支店長、部長、室長等）の役割を担う。 ・「常務理事」、「理事」、「副理事」の3ランクを導入 ・働きによって、2年目以降の昇格が可能な制度とした（2年目以降に「メンター」から「理事」、「理事」から「執行役員」に昇格する者もいる。） ・なお、報酬は、60歳到達以前と同水準としている。
メンターコース	・指導的立場から、自身が培ってきた人脈・経験・知識を伝承することを主たる業務とする。 ・（対象）一定ランクのライン長経験者の内、事業所長・部門長の推薦に基づき、役員が推挙した者。 ・呼称：シニアメンター ・処遇：メンター手当（5万円／月）が支給される。
生涯現役コース（プレイヤーコース）	・営業、設計、工事、アフターサービス、管理等のベテランプレイヤーとして、現業の第一線で活躍し、結果を出す。 ・呼称：シニアエキスパート（管理職格）、シニアスタッフ（主任、一般職格） ・処遇：職種ごとの成果給は、現役社員と同様に支給される。

資料出所：独立行政法人高齢・障害・求職者雇用支援機構主催「平成30年度　生涯現役社会の実現に向けたシンポジウム」配布資料『大和ハウス工業における定年延長と生涯現役への取り組み』（2019年1月18日）

　なお、コース分けは固定ではなく、2年目以降の見直しも可能であり、活躍次第によっては、61歳以降の処遇の引上げがありうる。

　補足として、「メンターコース」「生涯現役コース」では、近い業務領域であっても、なるべく職種を変えるようにしているようである（図表5-5）。

《図表5-5　60歳役職定年後のコース設定と職種変更（再配置）の具体例》

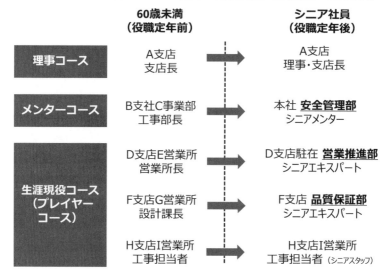

資料出所：独立行政法人高齢・障害・求職者雇用支援機構主催「平成30年度　生涯現役社会の実現に向けたシンポ
ジウム」配布資料『大和ハウス工業における定年延長と生涯現役への取り組み』（2019年1月18日）

　もっとも、地方転勤をしていた社員が60歳到達後もそのまま地方での勤
務を望む場合、それまでの部下が上司になるような場合もあるが、そこは
割り切ってもらっているという。

　希望部署に残るには、管理職ではなくプレイヤーとしての仕事をしても
らう必要がある旨を対象者に伝え、無理であれば別部署への異動、あるい
は、残ることができない旨を話すこともあるようである。

シニア社員の賃金制度の見直し

　同社におけるシニア社員の賃金制度は、2003年に60歳定年後の「嘱託再
雇用制度」を整備した際に取り入れられた。

　具体的には、公的年金に企業年金を加算した額を参考値とし、それより
高くなるよう（賞与を含めて月額14カ月分を目安）設計されている。

　65歳定年制の導入時も、基本給部分は当時の考え方が踏襲されているよ
うだが、特徴として、基本給に残業代相当額をプラスしたことと、賞与も

加えたことで、シニア社員の基本的な年収水準は、65歳定年導入前の水準が「定年前の5～6割」であったのに対し、65歳定年導入後は、「60歳到達時の賃金の6～7割」となっている。

　また、本人の役割や評価によって毎期昇給できる機会があること、賞与も業績と評価によって大幅アップが見込める仕組みであることから、「60際到達時の賃金の8～9割」を実現できている社員も存在しているという。

② 65歳以降の雇用について定める「アクティブ・エイジング制度」

　同社がシニア活用に対して先進的である理由は、すでに65歳以降の再雇用制度についても整備がされている点からもうかがえる。

　同社における65歳以上の再雇用の仕組みは「アクティブ・エイジング制度」と呼ばれる（図表5-6）。なお、アクティブ・エイジングとは、同社によれば「生活の質を落とさず、社会と関わりを持ちながら年齢を重ねるという考え方」だという。

　同制度の詳細な運用条件については、図表5-7、図表5-8に示したとおりである。

《**図表5-6　アクティブ・エイジング制度の概要**》

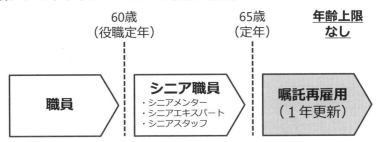

資料出所：独立行政法人高齢・障害・求職者雇用支援機構主催「平成30年度　生涯現役社会の実現に向けたシンポジウム」配布資料『大和ハウス工業における定年延長と生涯現役への取り組み』（2019年1月18日）

《図表5-7　再雇用の条件》

推薦	・事業所長、部門長からの推薦があり、担当役員が認める者
査定	・直近1年間の査定が標準以上
健康状態	・通常勤務に耐えうる（直近1年の病気による不就労20日以下）

《図表5-8　処遇条件》

身分	・嘱託で1年更新
給与	・200,000円／月 ※企業年金を合わせると65歳までと遜色ない水準
賞与	・業績評価・個人評価による（社員の1／2程度の支給率）
勤務状態	・原則、週4日の勤務（週休3日）
福利厚生	・寮・社宅については、職員時の扱いを継続（ただし、住宅手当はなし）

資料出所：独立行政法人高齢・障害・求職者雇用支援機構主催「平成30年度　生涯現役社会の実現に向けたシンポジウム」配布資料『大和ハウス工業における定年延長と生涯現役への取り組み』(2019年1月18日)

　65歳以降は高年法に基づく雇用確保義務年齢を超えるため、希望者全員が再雇用されるわけではなく、上長の推薦があること、査定が標準以上であること、健康状態に問題がないことを条件として、担当役員が認める者のみが嘱託社員として再雇用されることになる。

　雇用契約は1年更新であるが、年齢上限がない点が大きな特徴である。ベースとなる賃金水準に関しても、65歳以降という点でみれば、十分に高い水準である。多くの企業が65歳定年制度の導入にさえ追いついていない段階であり、また、そもそもの法律上の雇用確保義務年齢が65歳までであるにもかかわらず、65歳以後も年齢上限なしの再雇用制度を導入できている点が、同社のシニア活用が十分になされている証拠であろうし、他社に先んじて制度を育て、浸透させてきたことの表れであると考える。

③　シニア制度改革の効果と、総額人件費の上昇に対する同社のとらえ方

　65歳定年を導入した結果、近年では61歳以降の継続勤務を選択する者の

割合が 9 割を上回り、以後も同程度で推移していること（65歳定年導前の2012年＝58.9%、65歳定年導入時の2013年＝74.3%、導入 5 年後の2018年＝92.1%）、さらには65歳で定年退職する者の 7 割が「アクティブ・エイジング制度」を選択して65歳以降も勤務を続けており、シニアの戦力確保に確実につながっている。

　賃金制度については、60歳以後賃金が変わることも含めて、同社のシニア制度に対して社員の受け止め方は総じて良く、毎年の定点観測（社内調査）においても、満足度は年々上がってきているようである。

　なお、65歳定年を軸とするシニア人事制度の改革により、同社全体では少なくない総額人件費の増加があったようである。通常、人件費増を伴うシニア人事制度改革には多くの企業が躊躇する。単年度など一時的な増加であるならまだしも、定年延長を伴うような大きな制度改革では恒常的なコストアップになるケースが多いと考えられるためである。他社でもまだ例が少ない状況であり、また仮に制度改革を行ったとしてもすぐに効果が表れるものでもないと考えれば、強気の戦略に出ることは難しいだろう。

　この点、シニア人事制度改革に伴う総額人件費増に対する同社（人事部）の基本的な考え方は以下のとおりである※25。

・人事制度改革によるコスト増は、同じ額だけの投資のチャンスである
・投資をすれば会社に利益として戻ってくる。利益を求める姿勢が大切
・全社売上目標を達成するには、シニア人財の最大限の活用は必須であり、その認識を経営陣全体で共有することが重要（特に経営トップの理解が不可欠）

　繰り返しになるが、同社のシニア人事制度改革の基本コンセプトの中に、「社員と会社の両者にとってWin-Winの関係を築くには、60歳からの社員の人生に対しても、会社は大きく関与する責任がある」というものがあった。まさにこのコンセプト通り、同社では経営トップがシニア活用の必要性について強い関心を持っていたからこそ、「人件費増＝投資」という明

※25：独立行政法人高齢・障害・求職者雇用支援機構主催「平成30年度　生涯現役社会の実現に向けたシンポジウム」大阪会場にて配布された資料『大和ハウス工業における定年延長と生涯現役への取り組み』（2019年 1 月18日）（大和ハウス工業株式会社経営管理本部上席執行役員人事部長能村盛隆氏発表）の内容を要約して記載

確なコンセプトの下、大胆な施策を打ち出すことができたものと考える。

(4) 成功要因の分析と評価、他企業への応用

① シニア活用の取組み開始時期の早さと、シニア人事制度の段階的拡充

　他社に先駆けてシニア活用の必要性を強く認識し、65歳定年を含むシニア人事制度を導入し、導入後も運用改善を長い期間をかけて繰り返す中で、段階的に制度の充実を図り、最適化してきたというプロセスこそが、同社の一番の成功要因であると考える。

　特に65歳定年に関して、同社の制度の基本枠組みは第3章で紹介した「人事制度非接続型」（定年前後で職務内容、期待役割と賃金を変更する）にあたると考えられるが、定年延長を行うのに60歳時点で賃金が下がることに対しては、通常、社員からの反発も予想されるところである。

　この点、同社では65歳定年を導入した時期が他社よりも圧倒的に早かったこと（自社の制度が他社と比べてどうなのかを比較できるような材料が少ない状態であったこと）、従来の嘱託再雇用制度よりも処遇の水準を引き上げたこと、60歳以後の職務・役割をコースとして明確にしたこと、一気に65歳まで定年を引き上げたこと、早期に65歳以上の雇用の仕組みも整えたこと等から、シニア層の納得感が高い状態で制度導入を行えたことが、成功要因として大きかったと考える。

② シニア活用に本気で取り組む企業姿勢の明確さ（増えた人件費を投資ととらえる）

　嘱託再雇用制度の時代に社員から出た不満の声をベースに、シニア活用を推進するためには、「60歳からの社員の人生に対しても、会社は大きく関与する責任がある」との考え方から、

　・「不安定な雇用（嘱託）」から「安定的な雇用（職員）」へ

　　・「硬直的な処遇」から「能力や実績が反映される処遇」へ

　　・「やってもやらなくても同じ制度」から「やれば報われる制度」へ

という 3 つの基本的な方針を立て、シニア人事制度改革による総額人件費増すらも投資ととらえながら継続的かつ計画的に取り組んできた点が、結果的に社員の満足につながり、スムーズな制度運用につながっているものと考える。

　本事例は大手企業の事例ではあるものの、現状課題の認識の仕方から方針策定の考え方などは各社に共通して参考になる内容であるし、中でも60歳前後で職務・役割・処遇を変更するタイプの人事制度改革を目指す企業にとっては、65歳定年制の中で60歳時点で職務・役割・処遇をチェンジすることについて、いかにして社員の納得感を引き出していくのか、というプロセスも参考になる。

事例2　明治安田生命保険相互会社

（1）企業概要と人事制度改革のポイント

〈企業概要〉

(1) 設立：1881年

(2) 基金総額：9,800億円（2019年9月末現在）（基金償却積立金を含む）

(3) 事業内容：各種生命保険の引受・保全、資産の運用などの生命保険業および付随業務など

(4) 本社：東京都千代田区丸の内2-1-1

(5) 従業員数：43,550人（うち営業職員「MYライフプランアドバイザー」32,853人）（2019年9月末現在）

〈人事制度改革のポイント[26]〉

① シニア層だけでなく、総合職職員や契約社員まで含めた総合的な人事制度改正を段階的に行う中で、65歳までの定年延長を実現

② 65歳定年制において、60歳以上の職員の役割範囲を60歳未満の職員と同一とし、役割に応じた処遇を設定

③ シニアの働き方のニーズに対応した幅広い仕組みの整備

---

[26]：本事例紹介は、独立行政法人高齢・障害・求職者雇用支援機構主催「平成30年度　生涯現役社会の実現に向けたシンポジウム」東京会場にて配布された資料『明治安田生命のシニア層に対するさらなる活躍の支援』（2018年12月13日）および同シンポジウムで明治安田生命保険相互会社人事部人事制度グループ主席スタッフの加藤哲弥氏が発表されたパネルディスカッションの内容を基に構成している。

（2）シニア活用の課題と現状分析・方針策定

① 同社における制度の変遷（全体像）

　同社で65歳定年が導入されたのは2019年４月と最近であるが、定年延長
に至るまでの人事制度改革の取組みは長い（図表5-9）。

　まず、シニア制度に関しては、2013年に導入された「エルダースタッフ
制度（高年法に基づく継続雇用制度）」をベースに、徐々にシニアの職務範
囲を拡大させていき、2015年には「プロ・エルダースタッフ制度」が導入
されている。これは、従来のエルダースタッフよりも高度な役割を委嘱す
る仕組みである。

　以後もシニア活用の範囲を広げる過程において、定年延長に向けた議論
を行う中、シニアだけではなく総合職職員や契約社員まで含めた、60歳未
満の人事制度改正も段階的に行われた。

《図表5-9　明治安田生命におけるシニア制度の変遷》

資料出所：独立行政法人高齢・障害・求職者雇用支援機構主催「平成30年度　生涯現役社会の実現に向けたシンポ
　　　　　ジウム」配布資料『明治安田生命のシニア層に対するさらなる活躍の支援』（2018年12月13日）

② 65歳定年制の導入背景（課題）と、制度設計方針

　同社の近年の職員構成としては、40代後半〜50代前半が多く、次世代の層が少ない状況である。また、全社的な傾向として、総合職（全国型）の人数は減少傾向にあり、働き手の減少が懸念されているところである。

　一方で、働き手不足の状況にもかかわらず、顧客ニーズの多様化、アフターフォローの充実の必要性など、外部環境の変化により業務内容の高度化・専門化が起こり、1人当たりの業務量は増加する見込みである。

　このような人材ギャップが存在する中、同社では多様な人財の活躍を促進することによる働き手不足の解消が急務であると認識しており、当然、働き手の不足を補うべく60歳以降のシニア社員にも戦力として活躍してもらう必要があるものの、シニア活用を推進する上での同社特有の課題も存在しているところであった。

　それぞれの課題に対して、同社では、「人財力改革」という位置づけの中で段階的に対応してきた（図表5-10）。

《図表5-10　シニア活用の課題と方針、具体的な実施事項》

	課題	対応方針	実施事項	
〈課題 1〉 処遇	処遇は高い方が活躍促進につながるが、特に年功序列の賃金制度では「高コスト」になる懸念	役割や責任の大きさに応じた処遇を志向し、「評価・処遇の納得性」を向上することで対応	・職種再編 ・評価制度改正 ・処遇制度改正	定年延長
〈課題 2〉 職責	職責は大きい方が「やりがい」につながるが、年齢や健康面、家庭事情などの影響で職責を果たせない懸念	中高年層の意識や、再雇用嘱託などにおける委嘱業務の遂行状況などを確認して対応	・委嘱業務拡大 ・プロエルダー制度の創設	
〈課題 3〉 ライフプラン	「定年後」にさまざまなライフプランを持っていることも想定され、退職金ニーズや週休2日・フルタイムで働く意欲の低下懸念	多様な働き方を可能とする選択肢を準備	短時間・短日数勤務を設定	定年延長後にも嘱託再雇用を併設
〈課題 4〉 マネジメント	「年上の部下」が増加することや、さまざまな事情を抱える部下が増加することによるマネジメント上の懸念	本人のマインドセットとともに、上司のマネジメント力を強化	・イクボス育成プログラム（上司向け） ・キャリアデザイン研修（シニア向け）	
〈課題 5〉 周囲への影響	シニア層がマネジメント職などを続けることや、シニア層の処遇を向上させることによる若年層への影響の懸念	処遇、職務面において、若年層へは影響させない	・プロフェッショナル職制の創設 ・60歳までの人件費は下げない	

資料出所：独立行政法人高齢・障害・求職者雇用支援機構主催「平成30年度　生涯現役社会の実現に向けたシンポジウム」配布資料『明治安田生命のシニア層に対するさらなる活躍の支援』（2018年12月13日）

（3）　人事制度改革の詳細内容と導入効果

① 基本方針に基づく65歳定年制度の概要

　シニア活用における課題を認識した段階で、すぐに65歳定年には移行せず、基本方針をベースとして、諸々の課題を解決する中で計画的かつ段階

的に65歳定年を実現してきた点が同社の特徴であるといえる。

　65歳定年の実現に向けたプロセスに関して重要な点を確認しつつ、制度の詳細を解説していくこととしたい。

65歳定年延長に向けた職種再編

　同社の定年延長の発想は、基本的に60歳未満の社員と同等の役割を担ってもらうというものであり、したがって処遇も60歳未満と同水準を設定することが狙いとしてあった。

　そこで、当初はエルダースタッフ制度の拡充によりシニアの職務領域の拡大に取り組んでいたが、近年ではそれに加えて、現役世代の人事制度においても大きな変革を行っている。

　具体的には、従来は「総合職」「エリア総合職」「特定総合職」「アソシエイト職」といった多様な区分が存在し、それぞれに細かい職務領域、処遇の違いが発生していたが、2015年4月の人事制度改定により、職種は「総合職（全国型）」と「総合職（地域型）」に再編・統合され（厳密には一部のアソシエイト職は2017年4月に総合職（地域型）に統合）、職種による任用職務等の制限が撤廃された（図表5-11）。

　これにより、全国型と地域型の差異は転居転勤の有無とそれに伴う「全国型加算」の処遇差のみとなり、基本的な業務上の役割に関する内容は同一となった。

　こうした取組みは、65歳定年の導入にあたり、シニアの職種を「総合職（シニア型）」として設定していくために必要なプロセスとなっている。

《図表5-11　現役社員の人事制度改革－職種の再編・統合》

○職種の再編・統合により、職種による任用職務等の制限を撤廃
○全国型と地域型の差異は、転居転勤の有無とそれにともなう「全国型加算」の処遇差のみ

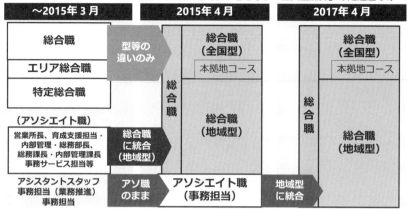

資料出所：独立行政法人高齢・障害・求職者雇用支援機構主催「平成30年度　生涯現役社会の実現に向けたシンポジウム」配布資料『明治安田生命のシニア層に対するさらなる活躍の支援』（2018年12月13日）

65歳定年延長に向けた処遇制度改正、4つの職制グループ

　以後は、さらに「役割」を重視した処遇体系を志向し、新に職制・職務の特性から「4つの職制グループ」を区分するとともに、グレード制度を導入し、職制・職務ごとの処遇水準の再設定を行っている（図表5-12）。

《図表5-12　4つの職制グループ》

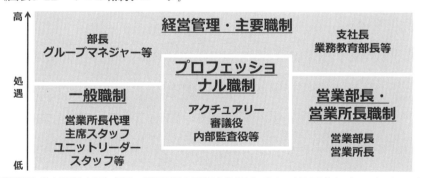

資料出所：独立行政法人高齢・障害・求職者雇用支援機構主催「平成30年度　生涯現役社会の実現に向けたシンポジウム」配布資料『明治安田生命のシニア層に対するさらなる活躍の支援』（2018年12月13日）

特に、「プロフェッショナル職制」については、これまで培ってきた知見や専門性、管理職としての経験を生かして役割発揮をしてもらう職務区分として設けられている（さまざまな職務を経験して発令されることが多く、異なる視点からマネジメントの補佐や、部長をフォローする役割）。

　このような仕組みは、マネジメント範囲と比例して処遇も上がる従来のキャリアルート以外でも、中高年層が継続的な活躍を促すにあたっての、人事制度上の受け皿となっている部分もある。

以上のプロセスを経た上での定年延長の狙い

　シニア制度改正を、現役世代の人事制度も含めた人事制度改正の一環として行ってきた同社では、ある程度65歳定年制度の構築に向けた道筋が整ってきた段階で、その狙いと改正のポイントについて、以下のように整理した（図表5-13）。

《図表5-13　65歳定年制度導入の狙いと改正のポイント》

狙い	改正のポイント
・60歳未満の職員と同等の活躍を期待する「戦力」として位置づけを強化 ・役割・責任についても60歳未満の職員と同水準を求めるとともに、処遇の引き上げによる意欲向上も促進	・定年年齢を満65歳まで引き上げ 　⇒ライフプランや職員の負荷軽減を考慮し、希望勤務地での勤務が原則 ・60歳未満の職員と同じ役割範囲とし、限定的な役割を前提とした処遇設定は廃止 　⇒職務に応じた給与体系とする一方、異動範囲等が限定されることなどを踏まえ、全国型加算や実能資格に相当する処遇は廃止 ・多様な働き方のニーズも踏まえ、退職後嘱託も準備（短時間・短日数勤務も継続） 　⇒退職金を得た上での継続勤務希望や、短時間勤務・短日数勤務の希望に対しては、「ＭＹシニア・スタッフ」として嘱託（1年更新）での雇用継続の道も準備

資料出所：加藤哲弥「企業事例発表2　『定年延長』は60歳未満と同等の活躍を期待するメッセージ」『エルダー』（2019年3月号）独立行政法人高齢・障害・求職者雇用支援機構

　以上の内容を方針とし、具体的に設計された定年延長制度（60歳以降の

人事制度）の全体像は以下のとおりである（図表5-14）。

《図表5-14　65歳定年制度の全体像》

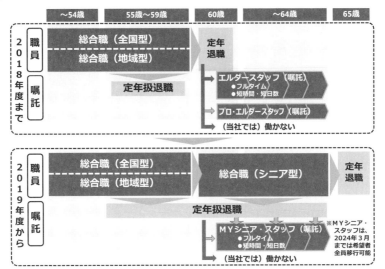

資料出所：独立行政法人高齢・障害・求職者雇用支援機構主催「平成30年度　生涯現役社会の実現に向けたシンポジウム」配布資料『明治安田生命のシニア層に対するさらなる活躍の支援』（2018年12月13日）

②　65歳定年制度の詳細内容と導入効果

　新制度の特徴について、重要な部分について紹介していく。

　まず、「総合職（シニア型）」について。総合職（シニア型）の職務は、基本的には60歳未満と同一であるが、転居・転勤はなく、従来のエルダースタッフと異なり、「職員（正社員）」の位置づけとなる点が特徴である（「嘱託（非正規社員）」ではない）。

　実態としても、60歳未満と基本的に同一の職務であり、かつ、一定の役割以上の職務では処遇も同一となるため、「同一労働同一賃金」の考え方にも沿ったものとなっており、60歳以降の社員に対して説明もしやすく、納得感も得やすい仕組みになっているといえるのではないだろうか。

　次に、「MYシニア・スタッフ（嘱託）」制度について。65歳定年制度の

導入によって、60歳未満とほぼ同様の職務・役割・処遇体系で65歳まで接続できる人事制度が実現できた。

　一方で、シニア層の多様な働き方に対するニーズが増えてきていることも踏まえ、65歳定年制度をベースとしつつも、従来のように、60歳時点で定年扱退職とし（したがって60歳時点で退職金を支給。65歳定年により退職金の支給年齢が引き上がることに対して、60歳時点で退職金を受け取りたいニーズもある）、再雇用嘱託社員として緩やかな勤務も可能にする、幅広いニーズに対応できる仕組みとして設けられたのがMYシニア・スタッフ制度である。MYシニア・スタッフ制度では、フルタイム勤務以外に、短時間勤務・短日数勤務も可能である。

　シニアの増加と働き方のニーズの多様化を踏まえると、65歳定年制度だけを出口とすると、それを望まない社員には逆に窮屈な部分が出てくることは予想される。その点で、60歳時点でキャリアの切替えができる選択肢を設けたことは、多様なシニアに対して訴求できる制度になっている。

（4）　成功要因の分析と評価、他企業への応用

① シニア層だけでなく、総合職社員や契約社員まで含めた総合的な人事制度改革を段階的に行う中で、65歳までの定年延長を実現

　同社の65歳定年制の類型は、第3章で紹介した「人事制度接続型」（定年前後で職務内容、期待役割と賃金を大きく変更しない）にあたると考えられる。

　一般的な継続雇用制度を採用する（かつ、定年後の継続雇用時に賃金ダウンを行っている）企業が、人事制度接続型の65歳定年制を実現していこうとすると、シニアの賃金上昇に対応することと同時に、シニアの職務領域・役割自体を拡大し、生産性を上げていくことが求められる。その過程では、現役世代の人事制度についても抜本的な改革が必要になる可能性もある。そうなると、取組みプロセスとしてはシニア制度だけを検討する場

合と比べて長期化する可能性があり、容易ではない。この点、同社では計画的にシニア層および現役層の制度改革を段階的に行ってきた点が、成功要因になったと考えられる。

② 65歳定年制度導入後も、シニアの生産性向上、多様な働き方のニーズに対応する仕組みを併設して活用したこと

　一方で、人事制度接続型をベースとした65歳定年制にすることにより、従来の継続雇用制度（エルダースタッフ制度）による雇用時よりも、業務負担・役割責任が増加することに対して否定的なシニア層が出てくることも予想した上で、「MYシニア・スタッフ制度」のような、短時間・短日数も可能な働き方も人事制度として用意できた点も、成功要因になったと考えられる。

事例3　D社

（1）企業概要と人事制度改革のポイント

〈企業概要〉

(1) 設立：1983年

(2) 資本金：9,000万円

(3) 事業内容：建設工事業（道路関連）

(4) 本社：関西圏の主要都市

(5) 従業員数：正社員900人、うち60歳以上のシニアは70人

(6) 定年年齢は60歳で、定年後は高年法に基づく継続雇用制度を採用

(7) 人事制度の改革時期：2017年

〈人事制度改革のポイント〉

① 60歳から63歳までの段階的な定年延長の実施

② 定年延長を軸として、さまざまなシニア活用の取組みを「ネクストキャリアプラン」として社員に提示

③ 中長期的なシニア活用の方向性を検討する中で、「シニアの職域創出」に向けた議論を実施

(2)　シニア活用の課題と現状分析・方針策定

①　D社の組織構成とシニアの課題

　同社ではここ数年で一気にシニアの数が増え、数年後には100人前後の人員ボリュームになることが想定されている。

　これまで同社ではシニアの定着率が高く、ほぼすべての社員が60歳定年後、同社で継続雇用されて65歳まで勤務している状態であったが、近年になり、シニア層の離職が相次ぐようになってきていた。

　道路工事需要の高まりから同社では人手不足が続いているが、新卒、中途採用とも、優秀な人材の確保が難しい状況の中、ベテラン技術者のシニア活用の重要性は同社においてますます大きくなっていた。

②　現状分析

　そのような環境であるため、60歳代のシニアが２～３人離職する程度であっても同社にとっては非常に痛手となり、補充がきかずに既存社員の業務負荷が高くなり、その分、新規の受注についてもある程度抑えながらオペレーションを回していかざるを得ないのが実情であった。

　急にシニアの離職が相次ぐようになったため、総務人事部門でシニアへの個別面談を含めて調査したところによると、継続雇用後の賃金水準の低さが離職の大きな原因となっていることが明らかになった。

　正確には、建設需要の高まりから、同業他社においても賃上げの動きがあり、相対的に自社の魅力が薄まっているのではないか考えられた。

　同社のシニア制度は高年法に基づく継続雇用制度であり、65歳まで１年更新の有期雇用契約により、毎年賃金の見直しが行われていた。

　管理職と非管理職によって異なるが、原則的には60歳以後、65歳まで１年ごとに基本給の水準が10％ずつ低下していくことになる仕組みである（図表5-15）。

《図表5-15　継続雇用制度における賃金決定ルール（定年延長前）》

役職区分	継続雇用に伴う処遇減額	60～61歳 定年継続雇用開始	61～62歳	62～63歳	63～64歳	64～65歳 継続雇用満了
			継続雇用			
管理職	ベース年俸減額（基本給、賞与）	年俸×100%	年俸×90%	年俸×90%	年俸×70%	年俸×60%
非管理職	基本給減額	基本給×90%	基本給×80%	基本給×70%	基本給×60%	基本給×50%

資料出所：新経営サービス人事戦略研究所作成資料

　継続雇用制度における一般的な賃金の下げ方は、継続雇用初年度に3～4割程度下げ、以後は65歳まで変化なし、というパターンが多い。ただ、これはあくまで一般論の話であり、建設工事業を中心に、ベテランシニアの需要が比較的高い業界では、同業他社への転職を防ぐために、継続雇用後も賃金を下げないという措置（臨時的または恒常的）をとる企業も出てきている。

　同社の特徴としては、初年度の下げ幅は少ないものの、継続雇用最終年度の下げ幅は他社よりも大きくなる、といった構成であった。

　同社の調査では、同業他社で自社より条件が格段に良く、かつ業務負荷的にも今よりも楽になる転職先が見つかりやすい状況であるため、ここ数年離職が目立つようになってきている、という結論であった。

③　基本方針～ネクストキャリアプランの構築～

　この状況に大きな危機感を抱いた経営陣は、シニア制度について早急に見直しをすべきとの結論に至り、早急に「シニア活用検討プロジェクト」が立ち上げられ、方向性の検討が進められた。

　同プロジェクトではシニア活用に向けたさまざまな施策が検討され、最低限、現在の継続雇用制度を見直し、賃金水準の見直しは行うべきとの提言を経営陣に行った。これに対して経営トップからは、「それだけでは不十分」との判断であった。

　経営トップをはじめ、経営陣の認識としては、自社の置かれた状況は他

社と比べてもシニア活用の必要性が大きく、結果的には、中長期視点の取組みも含め、考えられる取組みを早期に開始すべきとの指示が下された。シニア活用の仕組みを抜本的に変更するプランを、同社では「ネクストキャリアプラン」と称して、全社への展開を図っていくこととした（図表5-16）。

　同プランの全体像は以下のとおりである。

段階的な定年延長の実施（短期〜中期）

　継続雇用制度の見直しにより賃金水準を引き上げるだけでは不十分であると判断した同社は、シニア制度に魅力を持たせるため、他社に先駆けて定年延長を実施する方針とした。

　ただし、一気に65歳まで延ばすのではなく、特に離職を防ぎたい60歳代前半層をターゲットに、まずは63歳までの延長を第一弾として行い、65歳までの定年延長についてはさらに世の中の流れをうかがいつつ決定することとした。

管理職定年制、管理職任期制の導入（短期）

　シニアの活躍を促進する必要がある一方、役職者の若返りは図っていきたいという経営陣の意向があったため、60歳未満での管理職定年制を導入する方針とした。また、柔軟な運用を可能にするため、併せて管理職任期制についても導入する方向とした。

業務委託制度の導入（短期〜中期）

　組織全体におけるシニア層の増加は同社の予想より早く、建設需要の高まりから、現在でこそ人手不足状態であるものの、中期的に考えると、シニアに与える業務が不足してくることも考えられる。

　そこで、会社・シニア双方にとって最適な関係性を模索する中で、大手企業の建設・工事業系で一部例があるように、自社で雇用する以外のスタイルとして、業務委託による方法を検討することとした。

シニアへのヒアリングを行った中では、多様な働き方を望む声の中で、業務委託により成果報酬型のスタイルで働きたいというニーズもゼロではなかったため、まずは実現可能性を考えるところからスタートしていくことにした。

シニアの新たな業務領域の創出（長期）

　業務委託よりもさらに発展させた形で、10年単位で考えたときに、今の事業運営スタイルだけではシニアに与える業務が不足してしまうことに対応するため、ある意味抜本的に、今の事業の延長線上ではない形でシニアの業務領域を創出していくべきではないか、という意識も経営陣の中には存在していた。

　例えば、現在外部の協力業者に委託している業務を長期的に引き取り、内製化することでシニアの業務が生まれるのではないか、あるいは自社の事業に関連して、またはまったくの新規事業を早い段階で検討し、将来のシニアの業務に充てられないか、ということについても、引き続きプロジェクトの中で検討を継続することにした。

《**図表5-16　ネクストキャリアプランの全体像**》

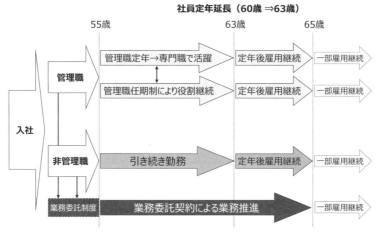

資料出所：新経営サービス人事戦略研究所作成資料

(3)　人事制度改革の詳細内容と導入効果

①　定年延長の実施と総額人件費増に対する同社のとらえ方

　ネクストキャリアプランの目玉として取り組まれたのが、定年延長制度の導入である。

　同社では、高年法に基づく継続雇用制度により、60歳から65歳までの1年単位の雇用を行っていたが、今回の制度改定を機に、正社員の定年年齢を63歳まで延長することとした。

　定年延長に伴い、63歳までの期間は正社員としての身分（雇用期間の定めのない雇用契約）が継続され、現在の給与制度が適用されることになる。

63歳以降の処遇

　一方で、新定年年齢後は、従来通り当該年齢から再度継続雇用となり、残り2年間は継続雇用制度の枠内で処遇されることになる。

　もっとも、新制度では、63歳以後の継続雇用期間中の処遇も、旧制度より引き上げられている（図表5-17）。

《図表5-17　定年延長後の処遇》

役職区分	継続雇用に伴う処遇減額	60～61歳	61～62歳	62～63歳	63～64歳 定年継続雇用開始	64～65歳 継続雇用満了
管理職	ベース年俸減額（基本給、賞与）	年俸×100%	年俸×100%	年俸×100%	年俸×80%	年俸×80%
非管理職	基本給減額	基本給×100%	基本給×100%	基本給×100%	基本給×80%	基本給×80%

筆者注：旧制度の処遇は図表5-15を参照

資料出所：新経営サービス人事戦略研究所作成資料

シニアの業務内容や期待役割については、制度改定前に関しても定年前後で変わらない実態であったため、この部分については定年延長後も大きな変更はない。しかし、新制度では、63歳以後の継続雇用期間に関しては、従来よりも業務負荷を下げる形で仕事を与えていくことが想定されている。

　退職金に関しては、検討段階でいくつかの案（定年延長後も60歳時点で支給する案と、定年延長後は63歳で支給する案）が出ていたが、結論としては、退職金としての税控除を確実に受けるため、新定年年齢での支給とした。社員にとっては60歳時の支給から3年間遅れるため、その点について不満の声もなくはなかったものの、個別説明により同意を得ることができたため、新制度では63歳からの支給に変更されている。

　なお、会社としては支給年齢を引き上げた形であるが、勤続年数による退職金の支給割合自体は60歳以後加算しないこととしたため、退職金の支給負担が増えたわけではない。

　もっとも、今後シニアの人数が増えていくに従い、60歳時点で退職金を受け取りたいというニーズが増えてくるであろうことは同社でも想定しており、今後のさらなるシニア制度改定の方向感として、60歳時点での選択定年制（60歳時点で会社都合により退職金を受け取れる仕組み）のような形も検討していく予定としている。

総額人件費の増加

　さて、同社における定年延長の制度化には、ある程度の総額人件費の上昇が伴っている。同業他社でも定年延長の例がまだ少ない状況の中で、たちまち総額人件費の上昇を伴った定年延長を行うことは、一時的ではなく恒常的な人件費上昇を招くだけに、一部の経営陣から反対の声が上がっていた。

　このような状況の中、ある意味では同社の定年延長制度は経営トップの肝いりにより行われたわけであるが、それには経営トップの定年延長に対する基本的かつ重要な考え方が背景にあった。

　前述のように、同社の近年の業績状況は非常に良好であり、人手不足か

ら新規業務を抑制しなければならないほどであったことから、シニアの処遇を改善する原資がまったくないような状況ではなかった。むしろ、現在の処遇が問題で離職が相次いでしまうことの方が危険であったため、経営トップの意識としては、シニアの処遇改善はコストというより投資という側面が強かった。恒常的な総額人件費増を伴う定年延長にリスクが伴わないわけではないものの、中途半端に継続雇用制度の見直しを行うことでは、シニアだけでなく全社的なムードを作ることはできない。そうなると、本当の意味での「雇用に対する安心感」は芽生えないのではないかと経営トップはとらえ、定年延長を断行することとしたのである。

　結果論ではあるが、定年延長の決定は全社的に好意的に受け止められ、シニアの離職傾向には歯止めがかかっている。また、同規模同業種の業界内では比較的早く定年延長を行ったことから、中途採用においても、先進的な取組みの企業に対する興味から応募者が増えるなど、副次的な効果が出ているところである。

②　管理職定年制と管理職任期制

　同社としてシニアの活躍を引き出す必要がある一方で、今後の急激なシニアの増加に対しては、明らかに管理職のポストが不足する状況が想定されていた。

　次世代の管理職候補に対してタイミングよくポストが提供できる体制を計画的に整えていくとともに、管理職経験のあるシニアに対しては、当該経験を生かしたプレイヤーとしての業務、あるいは管理職の補佐としての役割をある程度の期間果たしてもらいたいという意図から、同社では定年延長と併せて、管理職定年の仕組みを設けることとした。

　管理職定年制と管理職任期制の概要は以下のとおりである（図表5-18）。

《図表5-18　管理職定年制と管理職任期制の概要》

区　分	概　　　要
管理職 定年制	・以下の年齢に達した管理職のうち、管理職任期制が適用される者以外については、下記年齢到達直後の3月末をもって管理職から外れ、以後は専門職としての勤務となる。 【管理職定年年齢】 　・部長級：57歳　　課長級：55歳 【専門職としての呼称】 　・部長級⇒ゼネラルリーダー　課長級⇒チーフリーダー ・給与は原則として、管理職時の1ランク下位と同水準を目安に、個別に決定する。
管理職 任期制	・管理職定年年齢に達した管理職のうち、会社が特に必要と判断した社員は引き続き原則として1年ごとの任期制により管理職を継続する（年齢到達直後の3月末から1年ごと）。 ・管理職任期制の対象者は所属部門の担当取締役の意見を基に、役員会で決定する。 ・給与は原則として変更しない。

資料出所：新経営サービス人事戦略研究所作成資料

　管理職定年の年齢は60歳未満にするという方針の下、中長期的な組織構成を加味しながら、「部長級57歳、課長級55歳」とした。

　ただし、制度導入当初はすぐに管理職定年に達した者を外すことができない状態が想定されていたし、今後も必要があれば、臨機応変に管理職を継続することができるよう、管理職任期制も一緒に導入することとした。

　管理職任期制の対象となる社員は、管理職定年年齢に達した管理職者のうち、会社が特に必要と認めた者に対して、1年単位で任期を継続することができる仕組みである。

③ 業務委託制度

　同社のシニアの中でも、高い専門性を有する一部の社員からは、自身の経験・ノウハウや人脈を活用して柔軟な働き方を望む声が上がっていた。

　建設・工事業の大手企業の事例では、そうした社員に対して、例えば業務委託契約という形で定年後、あるいは定年前後から柔軟な働き方を可能とする仕組みが、少ないながら存在している。

　双方の合意の下で、適切に業務が推進できる状態が確保できるのであれば、業務委託は会社・シニア双方にとってメリットのある働き方のコースである。今すぐに導入するわけではないにせよ、実現可能性について同社で継続して話し合われることとなっている（図表5-19）。

《図表5-19　業務委託制度の運用ルール》

概要	・元所属会社から業務を受託し（業務委託契約を締結する）、期限までに仕事を完成させる
委託可能業務	・設備系の管理業務 ・道路維持・修繕業務の一部 ・清掃業務の一部 ・教育インストラクター業務
委託料	・業務委託内容や実際の業務量に基づき、市場価格等も勘案し、個別に決定
支援	・実際の業務委託に際しての必要な手続き、また仕事の進め方等について、契約開始当初は、総務人事部および業務統括部門がスーパーバイザーとして適宜アドバイスを行う
契約の転換	・会社・本人双方の合意に基づき、業務委託契約から、通常の雇用契約に切り替えることも可能とする ・ただし、転換後の労働条件については転換前とまったく同じではなく、あらためて担当業務内容に応じて個別に決定する

資料出所：新経営サービス人事戦略研究所作成資料

　仮に適用されるとしても、ごく限られた人数にはなるものと思われるが、それこそ考えてすぐにスタートできるものではないため、試行を繰り返すことが必要になる。しかしながら、同社でも中長期的には相当の数のシニア社員が増えることはすでに想定されているところであり、そのすべてに対して、本人の希望に合った十分な仕事を提供できるかどうかについては、不透明なところが多いのも事実である。

　そうした中、業務委託のようなスタイルが一定程度定着し、将来的に広がりをみせるようであれば、良い意味での雇用の流動化につながる可能性もある。そのため、早い段階から検討しておく必要性を同社では認識していた。

同社のような例はまだまだ少ないのが実態であるが、今後、各企業においてシニアの人数が急増していくに従い、社内だけでシニアの活躍できるフィールドを作ることには限界がくるものと思われる。そうした時に、業務委託のような形で社外にシニア活用の幅を広げていく取組みは必要になってくることだろう。

　ただし、こうした制度を有効に活用していくためには、制度的な器があるだけでは不十分であり、社員の働き方に対する意識を変革していくことが求められる。具体的には、会社に「雇われる」という旧来型の雇用観ではなく、「自律的なキャリア観：自分のキャリアは自分で作る」を醸成することが必要である。その結果、例えば業務委託のような柔軟な働き方が、自律的なキャリア観を持つシニアにとって魅力的な選択肢になる可能性がある。会社ができるだけ早い段階で、社員に対してそうした意識変革のための機会を提供していくことが、将来的にシニア活用の幅を広げることにつながっていくと考える。

④ シニアの新たな業務領域の創出

　同社の経営トップは、シニア活用を検討するプロジェクトを全社的に立ち上げるにあたり、業務委託制度を含め、今すぐに取り組むわけではない中長期的な取組みについても、幅広く検討するように担当者に指示をしていた。その１つが、必ずしも今の同社メイン事業の延長線上にない形で、シニアの業務を創出するというテーマであった。

　ある社内試算では、10年後に同社の60歳以上の社員は、全社の３割強に達するというデータも出ている。このシナリオどおりに行くと、今のメイン事業をそのまま継続するだけでは３割のシニア社員に十分な仕事を与えることは無理ではないか、という経営トップの危機感が背景にはあった。

　もちろん、このような先のことまで見越して新しい事業等を考えている企業は相当限られるだろうし、それより先に考えるべきことが多いというのも頷ける。しかし、同社の経営トップは、全社的にシニア活用に対する関心が高いうちにできるだけのことはやっておきたいと考えたのである。

　このような例はまったくないわけではない。例えば製造業の会社が、シニアの職務領域として将来的に展開するために、農業、飲食業、警備会社等、シニアになってから始めても比較的業務として成り立つであろう仕事をシニア用に確保した、といった話を耳にする機会が、以前と比べると増えてきている。

　同社のような、専門技術をベースとした建設工事業などは典型であるが、IT・ソフトウェア業をはじめ、技術の進歩が激しい業種などにおいては、加齢とともに能力の低下が顕著になってくれば、第一線で長く働くことが難しくなってくることは決して想像に難くない。そうした時に、「与えられる仕事がありません、でも辞めさせるわけにもいきません（かつ賃金も不用意に下げられません）」という状態の社員が複数存在するような事態は企業としてもできるだけ避けたいところである。

　そのような状況を受け、同社では将来的にシニアの新たな職務領域として開拓できるであろう内容の検討に着手した。ほとんどの企業にとって今すぐに必要な情報ではないであろうが、事例の１つとして参考にしていただきたい。

シニアの職務領域の調査

　同社ではまず、各部門の責任者クラスを中心に、部門に存在している職務のうち、今後シニアに担当してもらうことが可能な職務（現在は担当していないが、シニアの仕事量として確保できるであろう職務）をできる限りピックアップする作業を行った（図表5-20）。

　ピックアップする際には、当該業務がシニアの職務領域として適切かどうかはいったん置き、まずは担当できる内容かどうかだけで判断することとした。

《図表5-20　シニアが担当可能な職務内容例》

職種	シニアの職務領域として設定できる具体的な業務内容	担当可能人数	必要なスキルレベル（能力・経験年数）	見込み労働時間（1ヵ月1人当たり）
技術	CADデータの変換作業	2〜3人	・業務経験年数5年以上 ・CAD操作に関する幅広いスキル	140時間
	古い図面、資料の整理・保管	各支店に1人	・業務経験年数5年以上 ・CAD操作に関する幅広いスキル ・幅広い製品知識	フルタイム
	トレーニングセンターの講師	1〜2人	・業務経験年数10年以上 ・会社の指定する技術資格	80時間
	資材・倉庫管理業務	4人	・業務経験年数2年以上	100〜150時間
	汎用図面の作図	1〜3人	・業務経験年数3年以上 ・CAD操作に関する基礎的なスキル ・基礎的な製品知識	100〜140時間
	保守・施工現場の補助	各支店に1〜2人	・業務経験年数2年以上	100時間
	各種現場立会い業務（検査、取扱い説明、オープン立会い等）	2人	・業務経験年数10年以上、うち現場管理者経験2年以上	40〜150時間

資料出所：新経営サービス人事戦略研究所作成資料

　次に、全社的にピックアップされた業務を、職域適合度マトリックスを用いて分類し（図表5-21）、シニアの職域として適合度の高い業務を重点検討課題として設定することとした。

《図表5-21　職域適合度マトリックスによる詳細検討例》

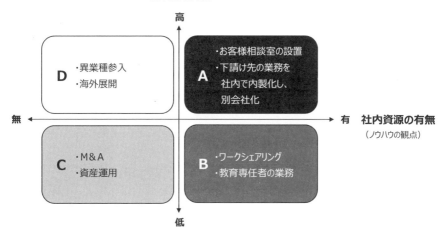

将来性の高低　（雇用の創出の観点）

高

D
・異業種参入
・海外展開

A
・お客様相談室の設置
・下請け先の業務を
　社内で内製化し、
　別会社化

無 ←　　　　　　　　　　　　　　　　　　→ 有　社内資源の有無
（ノウハウの観点）

C
・M&A
・資産運用

B
・ワークシェアリング
・教育専任者の業務

低

図の4象限の分類

A	職域としての適合度は「高」、取組み優先度は「普通～やや高い」
B	職域としての適合度は「高」、取組み優先度は「高」
C	職域としての適合度は「普通～やや低い」、取組み優先度は「やや低い」
D	職域としての適合度は「高」、取組み優先度は「やや低い」

資料出所：新経営サービス人事戦略研究所作成資料

　なお、シニアの職域として適合度が高いかどうかは、①より多くのシニアが担当できる業務量が将来もあるかどうか（多くの雇用を創出できるか）、②当該職務はシニアが遂行するにあたり、社内に資源が存在しているかどうか（自社の業務に関連した業務、あるいは自社のノウハウが生かせる業務であり、別途の人材育成等を行わず、すぐに業務として展開できる）、という2つの軸で判断を行った。

　結果的に同社で重点課題に挙がったテーマは「自社商品のメンテナンスを中心に行うサービス会社の新設」と、「お客様相談室の体制の拡充による品質強化」の2つであった。

　特に関心の高かったテーマは前者の「メンテナンス専門の会社の設立」であり、現在は協力会社が担当している内容を、中長期的に自社に戻して

内製化していく方向が望ましいという議論になった（図表5-22）。

《図表5-22　メンテナンス会社の設立に関する議論内容》

重点テーマ：自社商品のメンテナンス専門の新会社の設立	
シニアの職域として検討 すべき理由	・施工をすべて協力会社に依存していてよいのかという問題 ・高齢化による人員不足のおそれ（新商品・特機・大型現場に対応できる人材が不足） ・これからは技術経験のあるセールスエンジニアが求められる（今のままでは同業他社に対し優位に立てない） ・現状は、数多くの現場を処理するため、金額に見合った仕事になっていないところがある
事業内容・人材構成	・今の協力会社が行っている業務を一括で行う会社を設立 ・親会社の商品をメインに扱いつつも、その他周辺設備についても相談（修理依頼）していただける総合メンテナンス会社 ・定期的・計画的に部品交換・提案を行う ・新規工事・保守関連工事の業務を行う ・継続雇用者に加え、若年者の新会社への出向も必要
期待成果・付加価値	・メンテナンスをきっかけとした改造現場増加、保守契約台数の増加、また、メイン商品以外での修理依頼対応の可能性 ・作業者の人材不足を解消 ・現状の協力会社方式よりも教育指導が行き届きやすい（協力会社のレベル向上⇒セールスエンジニアとしての育成） ・顧客満足度向上により、囲い込みや営業提案につながる ・当社商品の設置先との関係強化により他社の参入防止

資料出所：新経営サービス人事戦略研究所作成資料

　同社では上記のレベルの議論まで行っていったん取組みは保留としている状態である。当然協力会社との現在の関係性もあり、早急に取り組める内容ではないためである。

　もっとも、当該調査・検討の過程で出された、シニアの職務領域として検討できる業務の一覧表は同社にとって非常に有意義なものとなり、既存のシニア社員の業務の幅を広げたり、近々に定年を迎えて継続雇用になる社員の業務としてどういった内容が適切であるか、といったことを幅広い視点で考えるきっかけとなった。

　同社では「メンテナンス専門の会社の設立」「お客様相談室の体制拡充」

を引き続きシニア活用における重点テーマとして位置づけ、定期的にミーティングを通じて、さらに具体化していくフェーズに向かう時期を模索している。

⑤ 新人事制度導入後の状況と今後の課題

同社ではネクストキャリアプランの全体像について全社的に説明会を実施した。シニアの処遇改善を含む定年延長の導入を中心に、シニア層には総じて好意的に受け止められたようである。新制度導入後、処遇を理由としたシニア層の離職は起きておらず、現在のところは狙いに沿った効果が出ているといってよい。業務委託制度に関心を示す社員も出てきていることから、こちらはトライアルを含めて、より議論を深める予定にしている。

一方で、若手・中堅層の中には会社が賃金アップをするなら、シニアより自分達を優先すべきではないか、という声も上がったが、同業他社の中でも定年延長を行っている企業が少なかったことから、雇用の安定につながる仕組みということで、大きな反対意見にはならなかったようである。

今後の課題としては、定年年齢は延びたものの、シニアの職場環境や仕事・責任の与え方、目標設定の仕方を含め、まだまだシニア活用に向けた制度運用面では十分とはいえない状態である。総額人件費の上昇をカバーして収益に還元していくためには、シニアの生産性アップに向けた取組みをさらに加速していくことが重要である。

もう1つ、管理職定年制および管理職任期制の適切な運用が課題として挙げられる。ともすると、後継者が十分育っていないのに機械的に管理職を交代させるなどの杓子定規な運用によって現場が混乱してしまう可能性もある。逆に社内的な忖度によって管理職任期制が不必要に乱発され、必要があるにもかかわらず管理職定年制が適用されないようなことがないよう、次世代の管理職育成を急ぐ必要がある。

（4） 成功要因の分析と評価、他企業への応用

① 経営トップ主導により定年延長の意思決定がなされたこと

　第3章でも一部触れたように、特に定年延長に関しては、総額人件費の恒常的な上昇を伴うケースがどうしても多くなってしまうことから、企業としての意思決定の難易度が高く、導入に至らないケースも少なくない。

　そうした中では、経営トップが、経営環境の分析に基づいた明確なシニア活用の方針を持つことが不可欠となる。

　この点、同社では経営トップがクリアな方針を持っていたことがスムーズな意思決定につながったと考えられる。また、経営環境的にも人手不足の状態が続いておりシニアの離職を食い止めることの必要性が高かったことも、定年延長を具体的に検討するきっかけとして大きかったものと考えられる。

　もっとも、同社では結果として定年延長を行ったことの成果が早く出たが、多くの企業で同様のプロセスを経れば同じ効果が出るかといえば、必ずしもそうとは言い切れない。よりリスクを少なくして定年延長を行うのであれば、シニアの賃金上昇だけを伴う定年延長ではなく、現役世代も含めた賃金制度全体を見直す中で、中期的に総額人件費の上昇を抑える形を目指し、時間をかけて制度構築を行う方法も検討すべきである。

② 定年延長を軸として、さまざまなシニア活用関連の取組みを「ネクストキャリアプラン」として社員に提示したこと

　定年延長以外にも、管理職定年制度および管理職任期制度、あるいは業務委託制度といったさまざまな人事制度の仕組みを、シニア期以降の多様な働き方（＝ネクストキャリアプラン）として社員に提示できたことは、将来的に100人前後のシニア層を抱えることになる同社にとって、中長期的に組織の新陳代謝を図っていく上でプラスになったものと考えられる。

まとめにかえて

高年齢化と人手不足はほとんどの企業の課題

　本書では、人手不足対策としてのシニア活用の必要性を示すことから始まり、主として再雇用・定年延長に関わる人事制度改革の手法や考え方について、実在する企業の事例を交えつつ解説を行ってきた。

　特に第4章、第5章にわたり、実在の企業事例をみていただいたが、いずれの企業にも共通する取組みはむしろ少なく、シニア活用における企業としての考え方、取組みスタンスもさまざまであったと思われる。

　高年齢化の加速と人手不足、その中におけるシニア活用は今後もほとんどの企業に当てはまる課題であるが、どの企業にも共通して当てはまる人事制度改革のセオリーは残念ながら存在しない。

　唯一成功への道筋があるとすれば、本書のタイトルにもある「現状分析」を深いレベルで行った上で、自社の課題に沿ったシニア活用の方針と人事制度上の対策を都度打ち出せるかどうかであると考える。その積み重ねにより、徐々に最適解に近づいていくことができるはずである。

　その意味では、本書で紹介してきたシニア活用に向けたさまざまな人事制度改革のノウハウや事例を、読者が自社内での有効性の分析・検証を経ずに取り入れることのないよう、くれぐれも注意していただきたい。

　また、必ずしも「シニア活用」ありきで取組みを先行させる必要もない。昨今、企業の人事担当者は経営トップからシニア活用の検討を進めるよう指示を受けている例が多いと思われる。すぐに何らかの成果を求めたい気持ちもあるだろうが、中途半端な取組みはかえって費用対効果を悪くする（コストをかけた割にはシニア活用の効果が出ない）危険性がある。

まずは自社の経営環境を詳細に分析することからはじめ、結果的に、すぐにシニア活用の取組みを行う必然性が低いと合理的に判断できるのであれば、そのことを強く経営陣に進言することも人事担当者の役割ではないだろうか。

　その場合は、シニア活用自体は中長期的な経営テーマに変更し、計画的に進めてはいくものの、優先順位を下げることも構わないと考える。ただし、取組み自体は継続的に行っていき、全社的に常に重要テーマとして意識できる状態にしておくことが重要である。

シニア活用の本質

　シニア活用に向けた自社の現状分析を始めるにあたり、大半の企業はシニアの抱える処遇上の不満を問題視し、シニア個々への対応からはじめることが多い。このこと自体は必要なことではあるが、シニア個々への対応に終始してしまうと、組織全体としては表面的な問題解決にとどまってしまい、「本質的なシニア活用」が促進されないおそれがあると、筆者は考えている。

　ここでいう「本質的なシニア活用」とは何か、またそのために必要なプロセスとはどういったものであるべきか。本書全体のまとめとして述べるとするならば、次のようになるだろう。

①中長期（5〜10年）のスパンで、自社を取り巻く経営環境がどのように変化していくか（社会環境、法制度、市場動向、経営戦略等）を予測し、その中で最適な組織体制の在り方を模索する

②最適な組織体制を検討する中で、シニアに求める役割の再設定や環境整備（人事制度、職務環境、教育機会の充実等）を行うことでシニアの生産性を最大化させる

　「本質的なシニア活用」のプロセスを上記のようにとらえる場合、企業によっては非常にハードルの高い取組みになる。「自分の会社は中小企業だから、大企業のように人事部も充実していない、だからシニア活用にそこまで時間をかけていられない」、そんな声もあるかもしれない。しかしながら、シニア活用の成否は本質的に企業規模には関係ないと考えていただきたい。大企業であってもシニア活用が進んでいない例はあるし、逆に中小企業でも成功事例は多くあるからである。

　大切なことは、シニア活用に向けた自社のあるべき姿を経営トップ主導で明確にした上で、人事制度の改善を繰り返しながら、真にシニアが活躍できる組織を作り上げていくことにあるのではないだろうか。

　読者企業の今後の取組みを期待したい。

《著者紹介》

森中謙介（もりなか・けんすけ）

株式会社新経営サービス人事戦略研究所マネージングコンサルタント。中堅・中小企業への人事制度構築・改善のコンサルティングを中心に活躍。各社ごとの実態に沿った、シンプルで運用しやすい人事制度づくりに定評がある。

著書に、『社員300名までの人事評価・賃金制度入門』（共著、中央経済社）、『社内評価の強化書：上司の"評価エラー"を逆手に取る出世の法則』（三笠書房）、『9割の会社が人事評価制度で失敗する理由——ストーリー形式で学ぶ失敗の本質と正しい取り組み方』（あさ出版）等がある。

サービス・インフォメーション

――――――――――――――――――――― 通話無料 ―――

① 商品に関するご照会・お申込みのご依頼
　　　　　　TEL 0120 (203) 694／FAX 0120 (302) 640
② ご住所・ご名義等各種変更のご連絡
　　　　　　TEL 0120 (203) 696／FAX 0120 (202) 974
③ 請求・お支払いに関するご照会・ご要望
　　　　　　TEL 0120 (203) 695／FAX 0120 (202) 973

● フリーダイヤル（TEL）の受付時間は、土・日・祝日を除く
　9:00～17:30です。
● FAXは24時間受け付けておりますので、あわせてご利用ください。

人手不足を円満解決
現状分析から始めるシニア再雇用・定年延長

2020年9月25日　初版発行

著　者　森　中　謙　介
発行者　田　中　英　弥
発行所　第一法規株式会社
　　　　〒107-8560　東京都港区南青山2-11-17
　　　　ホームページ　https://www.daiichihoki.co.jp/
印　刷　法規書籍印刷株式会社

シニア再雇用　ISBN978-4-474-06965-7　C2034　（8）